忠 诚

| 党支部纪念册 |

本书编写组 编

人民出版社

出版前言

　　党支部作为党的基层组织，是中国共产党执政的组织基础，是党的全部工作和战斗力的基础，也是提高党的执政能力、巩固党的执政地位的基础。

　　党的十八大以来，以习近平同志为核心的党中央高度重视党支部建设，要求把全面从严治党落实到每个支部、每名党员，推动全党形成了大抓基层、大抓支部的良好态势，取得了明显成效。

　　2018年10月28日，中共中央颁布《中国共产党支部工作条例（试行）》（以下简称《条例》）。此条例是贯彻落实习近平新时代中国特色社会主义思想，加强新时代支部建设的重要制度成果。

　　基于此，我们编辑了这本党支部纪念册。书中收录了党支部的基本知识和党支部工作的一些基本流程，以备党支部开展活动时参考。同时，按照书中的提示，党员同志们可以把每次支部活动仔细、认真地记录下来，既有利于党组织工作的开展，也是一份珍贵的历史记录，值得广大党员同志妥善保存，永久珍藏。

　　忠诚，是共产党员必须具备的优秀品格，是每名党员入党宣誓时的庄严承诺。我们把本书定名为《忠诚——党支部纪念册》，就是希望广大党员同志通过参加党支部的组织生活，锻炼党性，始终把对党忠诚摆在首位，在政治上、思想上、行动上自觉地做到对党忠诚。

照片

姓　　名：

入 党 时 间：

工 作 单 位：

所 在 党 委：

所在党支部：

党支部书记：

党支部成员：

（党支部集体合影）

（党支部成员签名处）

目 录

Part 3　党员生活　/ 053

Part 4　党员教育　/ 109

Part 1

支部守则

党支部要担负好直接教育党员、管理党员、监督党员和组织群众、宣传群众、凝聚群众、服务群众的职责，引导广大党员发挥先锋模范作用。

——习近平

（习近平总书记在中国共产党第十九次全国代表大会上的报告，2017 年 10 月 18 日）

本部分主要包括入党誓词、中华人民共和国国歌、国际歌和《中国共产党支部工作条例（试行）》等内容。让我们在党支部党员大会上，重温入党誓词，重唱中华人民共和国国歌、国际歌，牢记《中国共产党支部工作条例（试行）》，承担起一名共产党员的光荣职责和使命。

入党誓词

我志愿加入中国共产党，拥护党的纲领，遵守党的章程，履行党员义务，执行党的决定，严守党的纪律，保守党的秘密，对党忠诚，积极工作，为共产主义奋斗终身，随时准备为党和人民牺牲一切，永不叛党。

宣誓人：

中华人民共和国国歌

（义勇军进行曲）

1=G 2/4

进行曲速度

田汉 词
聂耳 曲

（1·3 55 | 6 5 | 3·1 5̄5̄5̄ | 3 1 | 5̄5̄5̄ 5̄5̄5̄ | 1）0 5 |
　　　　　　　　　　　　　　　　　　　　　　　　起

1· 1 | 1·1 5̄6̄7̄ | 1 1 | 0 3 1 2 3 | 5 5 |
来！ 不 愿 做 奴 隶 的 人 们！ 把我们的 血 肉，

3·3 1·3 | 5·3 2 | 2 - | 6 5 | 2 3 |
筑成 我们 新的 长 城！ 中 华 民 族

5 3 0 5 | 3 2 3 1 | 3 0 | 5·6 1 1 | 3·3 55 |
到了 最 危险的时 候， 每个人被 迫着发出

2 2 2 6̣ | 2· 5̣ | 1· 1 | 3· 3 | 5 - |
最后的吼 声。 起 来！ 起 来！ 起 来！

1·3 55 | 6 5 | 3·1 5̄5̄5̄ | 3 0 1 0 | 5̣ 1 |
我们 万众 一 心， 冒着敌人的 炮 火 前进！

3·1 5̄5̄5̄ | 3 0 1 0 | 5̣ 1 | 5̣ 1 | 5̣ 1 | 1 0 ‖
冒着敌人的 炮 火 前进！ 前进！ 前进！ 进！

004

国 际 歌

1 = bB 4/4

〔法〕欧仁·鲍狄埃 词
〔法〕比尔·狄盖特 曲

庄严、雄伟

起来，饥寒交迫的奴隶，起来，全世界受苦的人！满
从来就没有什么救世主，也不靠神仙皇帝。要
是谁创造了人类世界？是我们劳动群众。一

腔的热血已经沸腾，要为真理而斗争！旧世
创造人类的幸福，全靠我们自己！我们
切归劳动者所有，哪能容得寄生虫！最可

界打个落花流水，奴隶们起来，起来！不快一
要夺回劳动果实，让思想冲破牢笼。
恨那些毒蛇猛兽，吃尽了我们的血肉！一

要说我们一无所有，我们要做天下的主人！这是
把那炉火烧得通红，趁热打铁才能成功！
且把它们消灭干净，鲜红的太阳照遍全球！

最后的斗争，团结起来到明天，英特纳雄

耐尔就一定要实现。这是最后的斗争，团结

起来到明天，英特纳雄耐尔就一定要实现！

中国共产党支部工作条例（试行）

（2018 年 10 月 28 日）

第一章 总 则

第一条 为了坚持和加强党的全面领导，弘扬"支部建在连上"光荣传统，落实党要管党、全面从严治党要求，全面提升党支部组织力，强化党支部政治功能，充分发挥党支部战斗堡垒作用，巩固党长期执政的组织基础，根据《中国共产党章程》和有关党内法规，制定本条例。

第二条 党支部是党的基础组织，是党组织开展工作的基本单元，是党在社会基层组织中的战斗堡垒，是党的全部工作和战斗力的基础，担负直接教育党员、管理党员、监督党员和组织群众、宣传群众、凝聚群众、服务群众的职责。

第三条 党支部工作必须遵循以下原则：

（一）坚持以马克思列宁主义、毛泽东思想、邓小平理论、"三个代表"重要思想、科学发展观、习近平新时代中国特色社会主义思想为指导，遵守党章，加强思想理论武装，坚定理想信念，不忘初心、牢记使命，始终保持先进性和纯洁性。

（二）坚持把党的政治建设摆在首位，牢固树立"四个意识"，坚定"四个自信"，做到"四个服从"，旗帜鲜明讲政治，坚决维护习近平总书记党中央的核心、全党的核心地位，坚决维护党中央权威和集中统一领导。

（三）坚持践行党的宗旨和群众路线，组织引领党员、群众听党话、跟党走，成为党员、群众的主心骨。

（四）坚持民主集中制，发扬党内民主，尊重党员主体地位，严肃党的纪律，提高解决自身问题的能力，增强生机活力。

（五）坚持围绕中心、服务大局，充分发挥积极性主动性创造性，确保党的路线方针政策和决策部署贯彻落实。

第二章　组织设置

第四条　党支部设置一般以单位、区域为主，以单独组建为主要方式。企业、农村、机关、学校、科研院所、社区、社会组织、人民解放军和武警部队连（中）队以及其他基层单位，凡是有正式党员 3 人以上的，都应当成立党支部。

党支部党员人数一般不超过 50 人。

第五条　结合实际创新党支部设置形式，使党的组织和党的工作全覆盖。

规模较大、跨区域的农民专业合作组织，专业市场、商业街区、商务楼宇等，符合条件的，应当成立党支部。

正式党员不足 3 人的单位，应当按照地域相邻、行业相近、规模适当、便于管理的原则，成立联合党支部。联合党支部覆盖单位一般不超过 5 个。

为期 6 个月以上的工程、工作项目等，符合条件的，应当成立党支部。

流动党员较多，工作地或者居住地相对固定集中，应当由流出地党组织商流入地党组织，依托园区、商会、行业协会、驻外地办事机构等成立流动党员党支部。

第六条　党支部的成立，一般由基层单位提出申请，所在乡镇（街道）或者单位基层党委召开会议研究决定并批复，批复时间一般不超过 1 个月。

基层党委审批同意后，基层单位召开党员大会选举产生党支部委员会或者不设委员会的党支部书记、副书记。批复和选举结果由基层党委报上级党委组织部门备案。

根据工作需要，上级党委可以直接作出在基层单位成立党支部的决定。

第七条　对因党员人数或者所在单位、区域等发生变化，不再符合设立条件的党支部，上级党组织应当及时予以调整或者撤销。

党支部的调整和撤销，一般由党支部报所在乡镇（街道）或者单位基层党委批准，也可以由所在乡镇（街道）或者单位基层党委直接作出决定，并报上级党委组织部门备案。

第八条　为执行某项任务临时组建的机构，党员组织关系不转接的，经上级党组织批准，可以成立临时党支部。

临时党支部主要组织党员开展政治学习，教育、管理、监督党员，对入党积极分子进行教育培养等，一般不发展党员、处分处置党员，不收缴党费，不选举党代表大会代表和进行换届。

临时党支部书记、副书记和委员由批准其成立的党组织指定。

临时组建的机构撤销后，临时党支部自然撤销。

第三章　基本任务

第九条　党支部的基本任务是：

（一）宣传和贯彻落实党的理论和路线方针政策，宣传和执行党中央、上级党组织及本党支部的决议。讨论决定或者参与决定本地区本部门本单位重要事项，充分发挥党员先锋模范作用，团结组织群众，努力完成本地区本部门本单位所担负的任务。

（二）组织党员认真学习马克思列宁主义、毛泽东思想、邓小平理论、"三个代表"重要思想、科学发展观、习近平新时代中国特色社会主义思想，推进"两学一做"学习教育常态化制度化，学习党的路线方针政策和决议，学习党的基本知识，学习科学、文化、法律和业务知识。做好思想政治工作和意识形态工作。

（三）对党员进行教育、管理、监督和服务，突出政治教育，提高党员素质，坚定理想信念，增强党性，严格党的组织生活，开展批评和自我批评，维护和执行党的纪律，监督党员切实履行义务，保障党员的权利不受侵犯。加强和改进流动党员管理。关怀帮扶生活困难党员和老党员。做好党费收缴、使用和管理工作。依规稳妥处置不合格党员。

（四）密切联系群众，向群众宣传党的政策，经常了解群众对党员、党的工作的批评和意见，了解群众诉求，维护群众的正当权利和利益，做好群众的思想政治工作，凝聚广大群众的智慧和力量。领导本地区本部门本单位工会、共青团、妇女组织等群团组织，支持它们依照各自章程独立负责地开展工作。

（五）对要求入党的积极分子进行教育和培养，做好经常性的发展党员工作，把政治标准放在首位，严格程序、严肃纪律，发展政治品质纯洁的党员。发现、培养和推荐党员、群众中间的优秀人才。

（六）监督党员干部和其他任何工作人员严格遵守国家法律法规，严格遵守国家的财政经济法规和人事制度，不得侵占国家、集体和群众的利益。

（七）实事求是对党的建设、党的工作提出意见建议，及时向上级党组织报告重要情况。教育党员、群众自觉抵制不良倾向，坚决同各种违纪违法行为作斗争。

（八）按照规定，向党员、群众通报党的工作情况，公开党内有关事务。

第十条　不同领域党支部结合实际，分别承担各自不同的重点任务：

（一）村党支部，全面领导隶属本村的各类组织和各项工作，围绕实施乡村振兴战略开展工作，组织带领农民群众发展集体经济，走共同富裕道路，领导村级治理，建设和谐美丽乡村。贫困村党支部应当动员和带领群众，全力打赢脱贫攻坚战。

（二）社区党支部，全面领导隶属本社区的各类组织和各项工作，围绕巩固党在城市执政基础、增进群众福祉开展工作，领导基层社会治理，组织整合辖区资源，服务社区群众、维护和谐稳定、建设美好家园。

（三）国有企业和集体企业中的党支部，保证监督党和国家方针政策的贯彻执行，围绕企业生产经营开展工作，按规定参与企业重大问题的决策，服务改革发展、凝聚职工群众、建设企业文化，创造一流业绩。

（四）高校中的党支部，保证监督党的教育方针贯彻落实，巩固马克思主义在高校意识形态领域的指导地位，加强思想政治引领，筑牢学生理想信念根基，落实立德树人根本任务，保证教学科研管理各项任务完成。

（五）非公有制经济组织中的党支部，引导和监督企业严格遵守国家法律法规，团结凝聚职工群众，依法维护各方合法权益，建设企业先进文化，促进企业健康发展。

（六）社会组织中的党支部，引导和监督社会组织依法执业、诚信从业，教育引导职工群众增强政治认同，引导和支持社会组织有序参与社会治理、提供公共服务、承担社会责任。

（七）事业单位中的党支部，保证监督改革发展正确方向，参与重要决策，服务人才成长，促进事业发展。事业单位中发挥领导作用的党支部，对重大问题进行讨论和作出决定。

（八）各级党和国家机关中的党支部，围绕服务中心、建设队伍开展工作，发挥对党员的教育、管理、监督作用，协助本部门行政负责人完成任务、改进工作。

（九）流动党员党支部，组织流动党员开展政治学习，过好组织生活，进行民主评议，引导党员履行党员义务，行使党员权利，充分发挥作用。对组织关系不在本党支部的流动党员民主评议等情况，应当通报其组织关系所在党支部。

（十）离退休干部职工党支部，宣传执行党的路线方针政策，根据党员实际情况，组织参加学习，开展党的组织生活，听取意见建议，引导他们结合自身实际发挥作用。

第四章　工作机制

第十一条　党支部党员大会是党支部的议事决策机构，由全体党员参加，一般每季度召开 1 次。

党支部党员大会的职权是：听取和审查党支部委员会的工作报告；按照规定开展党支部选举工作，推荐出席上级党代表大会的代表候选人，选举出席上级党代表大会的代表；讨论和表决接收预备党员和预备党员转正、延长预备期或者取消预备党员资格；讨论决定对党员的表彰表扬、组织处置和纪律处分；决定其他重要事项。

村、社区重要事项以及与群众利益密切相关的事项，必须经过党支部党员大会讨论。

党支部党员大会议题提交表决前，应当经过充分讨论。表决必须有半数以上有表决权的党员到会方可进行，赞成人数超过应到会有表决权的党员的半数为通过。

第十二条　党支部委员会是党支部日常工作的领导机构。

党支部委员会会议一般每月召开 1 次，根据需要可以随时召开，对党支部重要工作进行讨论、作出决定等。党支部委员会会议须有半数以上委员到会方可进行。重要事项提交党员大会决定前，一般应当经党支部委员会会议讨论。

第十三条　党员人数较多或者党员工作地、居住地比较分散的党支部，按照便于组织开展活动原则，应当划分若干党小组，并设立党小组组长。党小组组长由党支部指定，也可以由所在党小组党员推荐产生。

党小组主要落实党支部工作要求，完成党支部安排的任务。

党小组会一般每月召开 1 次，组织党员参加政治学习、谈心谈话、开展批评和自我批评等。

第十四条　党支部党员大会、党支部委员会会议由党支部书记召集并主持。书记不能参加会议的，可以委托副书记或者委员召集并主持。党小组会由党小组组长召集并主持。

第五章　组织生活

第十五条　党支部应当严格执行党的组织生活制度，经常、认真、严肃地开展批评和自我批评，增强党内政治生活的政治性、时代性、原则性、战斗性。

党员领导干部应当带头参加所在党支部或者党小组组织生活。

第十六条　党支部应当组织党员按期参加党员大会、党小组会和上党课，定期召开党支部委员会会议。

"三会一课"应当突出政治学习和教育，突出党性锻炼，以"两学一做"为主要内容，结合党员思想和工作实际，确定主题和具体方式，做到形式多样、氛围庄重。

党课应当针对党员思想和工作实际，回应普遍关心的问题，注重身边人讲身边事，增强吸引力感染力。党员领导干部应当定期为基层党员讲党课，党委（党组）书记每年至少讲1次党课。

党支部每月相对固定1天开展主题党日，组织党员集中学习、过组织生活、进行民主议事和志愿服务等。主题党日开展前，党支部应当认真研究确定主题和内容；开展后，应当抓好议定事项的组织落实。

对经党组织同意可以不转接组织关系的党员，所在单位党组织可以将其纳入一个党支部或者党小组，参加组织生活。

第十七条　党支部每年至少召开 1 次组织生活会，一般安排在第四季度，也可以根据工作需要随时召开。组织生活会一般以党支部党员大会、党支部委员会会议或者党小组会形式召开。

组织生活会应当确定主题，会前认真学习，谈心谈话，听取意见；会上查摆问题，开展批评和自我批评，明确整改方向；会后制定整改措施，逐一整改落实。

第十八条　党支部一般每年开展 1 次民主评议党员，组织党员对照合格党员标准、对照入党誓词，联系个人实际进行党性分析。

党支部召开党员大会，按照个人自评、党员互评、民主测评的程序，组织党员进行评议。党员人数较多的党支部，个人自评和党员互评可以在党小组范围内进行。党支部委员会会议或者党员大会根据评议情况和党员日常表现情况，提出评定意见。

民主评议党员可以结合组织生活会一并进行。

第十九条　党支部应当经常开展谈心谈话。党支部委员之间、党支部委员和党员之间、党员和党员之间，每年谈心谈话一般不少于 1 次。谈心谈话应当坦诚相见、交流思想、交换意见、帮助提高。

党支部应当注重分析党员思想状况和心理状态。对家庭发生重大变故和出现重大困难、身心健康存在突出问题等情况的党员，党支部书记应当帮助做好心理疏导；对受到处分处置以及有不良反映的党员，党支部书记应当有针对性地做好思想政治工作。

第六章　党支部委员会建设

第二十条　有正式党员 7 人以上的党支部，应当设立党支部委员会。党支部委员会由 3 至 5 人组成，一般不超过 7 人。

党支部委员会设书记和组织委员、宣传委员、纪检委员等，必要时可以设 1 名副书记。

正式党员不足 7 人的党支部，设 1 名书记，必要时可以设 1 名副书记。

第二十一条　村、社区党支部委员会每届任期 5 年，其他基层单位党支部委员会一般每届任期 3 年。

党支部委员会由党支部党员大会选举产生，党支部书记、副书记一般由党支部委员会会议选举产生，不设委员会的党支部书记、副书记由党支部党员大会选举产生。选出的党支部委员，报上级党组织备案；党支部书记、副书记，报上级党组织批准。党支部书记、副书记、委员出现空缺，应当及时进行补选。确有必要时，上级党组织可以指派党支部书记或者副书记。

建立健全党支部按期换届提醒督促机制。根据党组织隶属关系和干部管理权限，上级党组织对任期届满的党支部，一般提前 6 个月以发函或者电话通知等形式，提醒做好换届准备。对需要延期或者提前换届的，应当认真审核、从严把关，延长或者提前期限一般不超过 1 年。

第二十二条　党支部书记主持党支部全面工作，督促党支部其他委员履行职责、发挥作用，抓好党支部委员会自身建设，向党支部委员会、党员大会和上级党组织报告工作。

党支部副书记协助党支部书记开展工作。党支部其他委员按照职责分工开展工作。

第二十三条　党支部书记应当具备良好政治素质，热爱党的工作，具有一定的政策理论水平、组织协调能力和群众工作本领，敢于担当、乐于奉献，带头发挥先锋模范作用，在党员、群众中有较高威信，一般应当具有 1 年以上党龄。

第二十四条　上级党组织应当结合不同领域实际，突出政治标准，按照组织程序，采取多种方式，选拔符合条件的优秀党员担任党支部书记。

村、社区应当注重从带富能力强的村民、复员退伍军人、经商务工人员、乡村教师、乡村医生、社会工作者、大学生村官、退休干部职工等群体中选拔党支部书记。对没有合适人选的，上级党组织可以跨地域或者从机关和企事业单位选派党支部书记。根据工作需要，上级党组织可以选派优秀干部到村、社区担任党支部第一书记，指导、帮助党支部书记开展工作，主要承担建强党支部、推动中心工作、为民办事服务、提升治理水平等职责任务。符合条件的村、社区党支部书记可以通过法定程序担任村民委员会、居民委员会主任。

机关、国有企业、事业单位，党支部书记一般由本部门本单位主要负责人担任，也可以由本部门本单位其他负责人担任。根据工作需要，上级党组织可以选派党员干部担任专职党支部书记。

非公有制经济组织、社会组织，一般从管理层中选任党支部书记，应当注重从业务骨干中选拔党支部书记。没有合适人选的，可以由上级党组织选派党支部书记。

加强党支部书记后备队伍建设，注意发现优秀党员作为党支部书记后备人才培养，建立村、社区等领域党支部书记后备人才库。

第二十五条　上级党组织应当经常对党支部书记、副书记和其他委员进行培训。

党支部书记培训纳入党员、干部教育培训规划，对新任党支部书记应当进行任职培训。中央组织部组织开展党支部书记示范培训，地方、行业、系统一般根据党组织隶属关系，分层分类开展党支部书记全员轮训。党支部书记每年应当至少参加 1 次县级以上党组织举办的集中轮训。注意统筹安排，防止频繁参训，确保党支部书记做好日常工作。

对党支部书记、副书记和其他委员的培训应当突出党的基本理论、基本政策、基本知识及党务工作基本要求，党的优良传统和作风，党规党纪等内容。注重发挥优秀党支部书记传帮带作用。

第二十六条　注重从优秀村、社区党支部书记中选拔乡镇和街道领导干部，考录公务员和招聘事业单位人员。

培养树立党支部书记先进典型，对优秀党支部书记给予表彰表扬。

第二十七条　党支部委员会成员应当自觉接受上级党组织和党员、群众监督，加强互相监督。

党支部书记每年应当向上级党组织和党支部党员大会述职，接受评议考核，考核结果作为评先评优、选拔使用的重要依据。

第二十八条　建立持续整顿软弱涣散党支部工作机制。对不适宜担任党支部书记、副书记和委员职务的，上级党组织应当及时作出调整。对存在换届选举拉票贿选、宗族宗教和黑恶势力干扰渗透等问题的，上级党组织应当及时严肃处理。

第七章　领导和保障

第二十九条　各级党委（党组）应当把党支部建设作为最重要的基本建设，定期研究讨论、加强领导指导，切实履行主体责任。县级党委每年至少专题研究 1 次党支部建设工作。

各级党委（党组）书记应当带头建立党支部工作联系点，带头深入基层调查研究，发现和解决问题，总结推广经验。

第三十条　党委组织部门应当经常对党支部建设情况进行分析研判，加强分类指导和督促检查，扩大先进党支部增量，提升中间党支部水平，整顿后进党支部。加强党支部标准化、规范化建设。基层党委一般应当配备专兼职组织员，加强对党支部建设的具体指导。

各级党委组织部门应当注意通过党支部了解掌握党员干部日常表现，干部考察应当听取考察对象所在党支部的意见。

村、社区党支部书记纳入县级党委组织部备案管理。

第三十一条　村、社区党支部工作纳入县级党委巡察监督工作内容。

第三十二条　抓党支部建设情况应当列入各级党委书记抓基层党建工作述职评议考核的重要内容，作为评判其履行管党治党政治责任情况的重要依据。对抓党支部建设不力、各项工作不落实的，上级党委及其组织部门应当进行约谈。对党支部建设出现严重问题，党员、群众反映强烈的，应当按照规定严肃问责。

第三十三条　各级党组织应当为党支部开展工作提供必要条件，给予经费保障。增强村、社区党支部运转经费保障能力，落实村、社区党支部书记报酬待遇，并根据当地经济发展水平建立正常增长机制。给予非公有制经济组织和社会组织党支部工作经费支持。加强村、社区和园区等领域基层党组织活动场所建设，积极运用现代技术和信息化手段，充分发挥办公议事、开展党的活动、提供便民服务等综合功能。

县级以上党委管理的党费每年应当按照一定比例下拨到党支部，重点支持贫困村党支部、困难国有企业党支部、非公有制经济组织和社会组织党支部、流动党员党支部、离退休干部职工党支部等开展党的活动。

第八章　附　则

第三十四条　村、社区党的基层委员会、总支部委员会，按照本条例执行。

第三十五条　中央军事委员会可以根据本条例，制定相关规定。

第三十六条　本条例由中央组织部负责解释。

第三十七条　本条例自 2018 年 10 月 28 日起施行。其他有关党支部的规定与本条例不一致的，按照本条例执行。

格言与感悟

　　我们共产党人好比种子，人民好比土地。我们到了一个地方，就要同那里的人民结合起来，在人民中间生根、开花。

——毛泽东《关于重庆谈判》

　　为人民服务也就是为我们的国家，为我们的民族，为我们美好的将来，为全人类光明的前途服务。

——周恩来《关于知识分子改造的问题》

　　一个共产党员，在任何时候、任何问题上，都应该首先想到党的整体利益，都要把党的利益摆在前面，把个人问题、个人利益摆在服从的地位。党的利益高于一切，这是我们党员的思想和行动的最高原则。

——刘少奇《论共产党员的修养》

　　我们带兵是靠党组织来保证。连里有支部、有党员。支部在行政管理方面、了解敌情方面要起保证作用。连长应把支部当作带兵的核心、领导的核心。连长不能同支部对立起来，不能闹别扭。要互相配合，把连的工作做好。

——朱德《关于练兵与带兵的问题》

写下你喜欢的格言和感悟：

中国共产党历史上第一个
农村党支部

台城村是河北省衡水市安平县一个普通的村庄，由中共中央党史研究室于 2012 年认定的全国第一个农村党支部——中共台城特别支部（简称台城特支）就诞生在这里。

1923 年 8 月，在安平县台城村，由李大钊介绍加入中国共产党的弓仲韬，带领两名刚刚入党的农民党员，建立起全国第一个农村党支部，此后，在党的领导下，这个农村党支部在每一个历史时期都发挥着坚强的战斗堡垒作用。

走出封建家庭的弓仲韬

从明朝初年到清朝末年，安平县台城村说起大户人家，首屈一指的要算弓家，弓仲韬就出生在这样一个家庭里。

五四运动后，全国民众精神振奋，一批觉醒了的知识分子纷纷创办进步刊物、编辑进步书籍、组织进步团体、传播马克思列宁主义，仅在这一年中就创办刊物 400 多种。在各家学说竞相争鸣的形势下，马克思主义学说广为人知，十月革命的道路为越来越多的人所了解。弓仲韬通过学习进步书籍，思想有了很大的飞跃。

李大钊介绍他入党

1919 年，弓仲韬大学毕业后经常到北大图书馆借书，在那里他认识了当时任北京大学图书馆主任的李大钊，他从李大钊那里受益不少，对中国革命的现状和走势也加深了了解。

随着与李大钊的接触和读书范围的扩大，弓仲韬的思想不断升华，逐渐完成了由一个进步知识分子向共产主义革命者的转变。李大钊看他进步很快，1923 年 4 月，介绍他加入了中国共产党。

回老家建立党组织

1923 年 4 月，李大钊对弓仲韬讲："要取得革命的胜利，只在书斋里不行，只在城里也不行，需要把工农群众发动起来、组织起来，你家在农村，就回老家建立党组织，发动群众吧。"

随后，弓仲韬辞去教师工作，秘密回到了老家安平县台城村。他卖掉了自家的 20 多亩地，开办了"平民夜校"，建起了专门为农民办事的群众组织——农会。1923 年 8 月，弓仲韬介绍台城村思想进步、向往革命的弓凤洲、弓成山加入了中国共产党。

经过几个月艰苦细致的工作，经李大钊批准，1923 年 8 月的一个晚上，在台城村"平民夜校"里，弓仲韬主持召开台城村共产党党员会议。由弓仲韬、弓凤洲、弓成山 3 人组成的中共安平县台城特支自此成立，支部设在弓仲韬家里。弓仲韬任书记，受中共北京区委直接领导。

中共台城特别支部是中国共产党在农村建立的第一个支部，它的建立不仅标志着安平县人民反封建的革命斗争进入了一个崭新阶段，也是中国共产党领导农村革命斗争的一个标志性事件。

★ Part 2

支部常识

党支部是党的基础组织，是党组织开展工作的基本单元，是党在社会基层组织中的战斗堡垒，是党的全部工作和战斗力的基础，担负直接教育党员、管理党员、监督党员和组织群众、宣传群众、凝聚群众、服务群众的职责。

党支部的地位

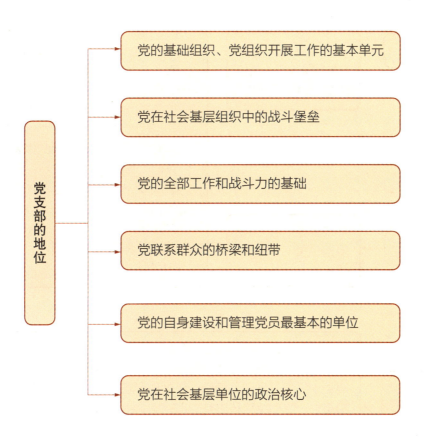

党支部的地位

- 党的基础组织、党组织开展工作的基本单元
- 党在社会基层组织中的战斗堡垒
- 党的全部工作和战斗力的基础
- 党联系群众的桥梁和纽带
- 党的自身建设和管理党员最基本的单位
- 党在社会基层单位的政治核心

党支部的组织形式

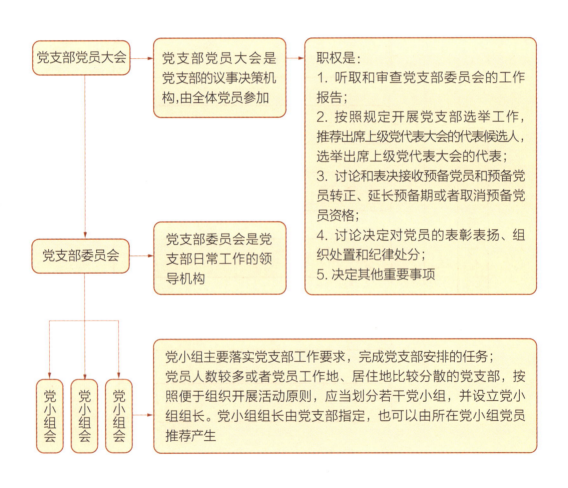

党支部党员大会 → 党支部党员大会是党支部的议事决策机构，由全体党员参加 → 职权是：

1. 听取和审查党支部委员会的工作报告；

2. 按照规定开展党支部选举工作，推荐出席上级党代表大会的代表候选人，选举出席上级党代表大会的代表；

3. 讨论和表决接收预备党员和预备党员转正、延长预备期或者取消预备党员资格；

4. 讨论决定对党员的表彰表扬、组织处置和纪律处分；

5. 决定其他重要事项

党支部委员会 → 党支部委员会是党支部日常工作的领导机构

党小组会　党小组会　党小组会 → 党小组主要落实党支部工作要求，完成党支部安排的任务；党员人数较多或者党员工作地、居住地比较分散的党支部，按照便于组织开展活动原则，应当划分若干党小组，并设立党小组组长。党小组组长由党支部指定，也可以由所在党小组党员推荐产生

党支部的职责

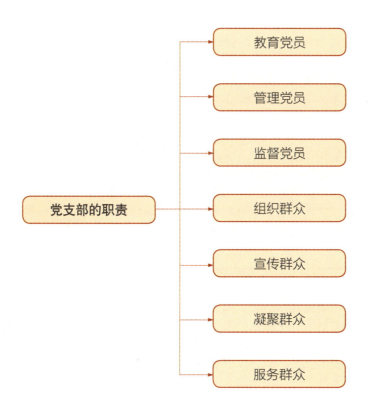

党支部的基本任务

第一项 ➤ 宣传和贯彻落实党的理论和路线方针政策，宣传和执行党中央、上级党组织及本党支部的决议。讨论决定或者参与决定本地区本部门本单位重要事项，充分发挥党员先锋模范作用，团结组织群众，努力完成本地区本部门本单位所担负的任务

第二项 ➤ 组织党员认真学习马克思列宁主义、毛泽东思想、邓小平理论、"三个代表"重要思想、科学发展观、习近平新时代中国特色社会主义思想，推进"两学一做"学习教育常态化制度化，学习党的路线方针政策和决议，学习党的基本知识，学习科学、文化、法律和业务知识。做好思想政治工作和意识形态工作

第三项 ➤ 对党员进行教育、管理、监督和服务，突出政治教育，提高党员素质，坚定理想信念，增强党性，严格党的组织生活，开展批评和自我批评，维护和执行党的纪律，监督党员切实履行义务，保障党员的权利不受侵犯。加强和改进流动党员管理。关怀帮扶生活困难党员和老党员。做好党费收缴、使用和管理工作。依规稳妥处置不合格党员

第四项 → 密切联系群众，向群众宣传党的政策，经常了解群众对党员、党的工作的批评和意见，了解群众诉求，维护群众的正当权利和利益，做好群众的思想政治工作，凝聚广大群众的智慧和力量。领导本地区本部门本单位工会、共青团、妇女组织等群团组织，支持它们依照各自章程独立负责地开展工作

第五项 → 对要求入党的积极分子进行教育和培养，做好经常性的发展党员工作，把政治标准放在首位，严格程序、严肃纪律，发展政治品质纯洁的党员。发现、培养和推荐党员、群众中间的优秀人才

第六项 → 监督党员干部和其他任何工作人员严格遵守国家法律法规，严格遵守国家的财政经济法规和人事制度，不得侵占国家、集体和群众的利益

第七项 → 实事求是对党的建设、党的工作提出意见建议，及时向上级党组织报告重要情况。教育党员、群众自觉抵制不良倾向，坚决同各种违纪违法行为作斗争

第八项 → 按照规定，向党员、群众通报党的工作情况，公开党内有关事务

党支部的设置程序

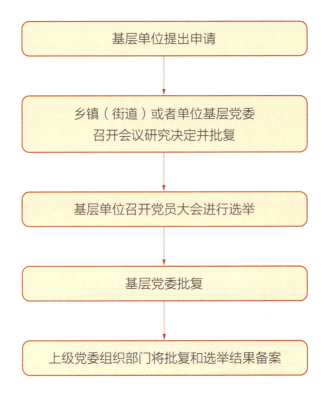

基层单位提出申请

乡镇（街道）或者单位基层党委
召开会议研究决定并批复

基层单位召开党员大会进行选举

基层党委批复

上级党委组织部门将批复和选举结果备案

党支部书记需要掌握的
5个工作好方法

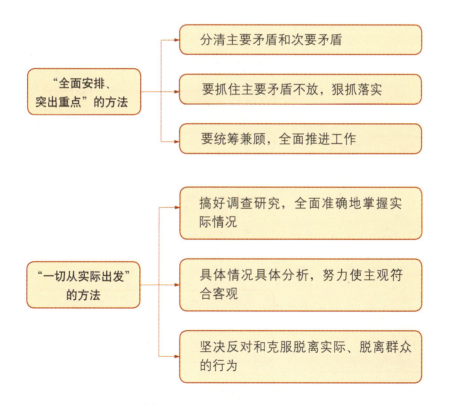

"全面安排、突出重点"的方法
- 分清主要矛盾和次要矛盾
- 要抓住主要矛盾不放，狠抓落实
- 要统筹兼顾，全面推进工作

"一切从实际出发"的方法
- 搞好调查研究，全面准确地掌握实际情况
- 具体情况具体分析，努力使主观符合客观
- 坚决反对和克服脱离实际、脱离群众的行为

"五好党支部"的标准

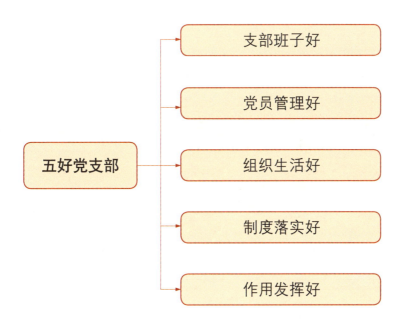

五好党支部
- 支部班子好
- 党员管理好
- 组织生活好
- 制度落实好
- 作用发挥好

党支部年度工作计划

1月	
2月	
3月	
4月	
5月	
6月	

7 月	
8 月	
9 月	
10 月	
11 月	
12 月	

党支部年度工作总结

党支部要掌握党员的哪些情况

党员的自然情况	党员的性别、年龄、入党时间、文化程度、职业、职称、奖惩情况、主要经历和发展党员情况等
党员的思想状况	党员的政治觉悟、思想品质、价值观念、纪律观念等
党员的工作情况	党员本职工作完成情况、交办任务落实情况、党的活动参加情况、工作态度、工作实绩等
党员的学习情况	党员的学习态度、文化水平、专业特长、在职学习情况等
党员的生活情况	党员的婚姻、家庭情况等

党支部基本情况登记表

党支部名称					书　记	
党员人数		男			党小组名称	
		女				
预备党员人数		男				
		女				
发展对象人数		男			女	
入党积极分子人数		男			女	
党员文化结构	初中及以下		党员年龄结构		60 岁及以上	
	中专或高中				46—59 岁	
	大专或本科				36—45 岁	
	研究生及以上				35 岁及以下	
党支部班子成员名单及分工	姓　名	性　别	出生年月	任职时间	党内外职务	分工情况
备　注						

党费是党员对党组织应尽的义务

党　费 ▶ 缴纳党费是党员对党组织应尽的义务，是党员关心党的事业的一种表现。它不仅可以为党组织提供活动经费，给党组织以经济上的帮助，更重要的是可以增强党员的组织观念。预备党员应同正式党员一样按照规定缴纳党费，并从支部大会通过其为预备党员之日起开始缴纳

党员缴纳党费的计算基数 ▶ 按月领工资的党员，每月以工资总额中相对固定的、经常性的工资收入（税后）为计算基数，按规定比例缴纳党费；实行年薪制人员中的党员，每月以当月实际领取的薪酬收入作为计算基数

党员缴纳党费的比例 ▶ 每月工资收入（税后）在 3000 元以下（含 3000 元）者，缴纳月工资收入的 0.5%；
3000 元以上至 5000 元（含 5000 元）者，缴纳 1%；
5000 元以上至 10000 元（含 10000 元）者，缴纳 1.5%；
10000 元以上者，缴纳 2%

党支部收缴党费明细表

_____ 党支部

姓　名	1月	2月	3月	4月	5月	6月	7月	8月	9月	10月	11月	12月

姓　名	1月	2月	3月	4月	5月	6月	7月	8月	9月	10月	11月	12月

格言与感悟

没有崇高的生活理想的人，像大海里的一片小舟一样，它时刻都会被狂风巨浪袭击而沉没海底。但一个人有了共产主义的理想，并无限地忠诚于这个理想，他就能经受任何风雨和困难的考验。

——吴运铎

人的生命是有限的，可是为人民服务是无限的。我要把有限的生命投入到无限的为人民服务之中去。

——雷锋

群众在灾难中两眼望着县委，县委挺不起腰杆，群众就不能充分发动起来。"干部不领，水牛掉井"，要改变兰考的面貌，必须首先改变县委的精神状态。

——焦裕禄

我们共产党员无论在哪里工作都是党的干部。越是边远贫穷的地方，越需要我们为之去拼搏、奋斗、付出，否则，就有愧于党，有愧于群众。

率领群众致富，是我们的天职。每一个党员干部，都应当与人民同甘苦、共命运。这样，我们党才有威信，国家才有希望。

——孔繁森

写下你喜欢的格言和感悟：

支部建在连上

"支部建在连上"是建党建军的一项基本原则和制度。

1927年9月，毛泽东率秋收起义余部挺进井冈山途中，有感于南昌、秋收起义相继失败，"这是缺乏革命中心力量招致革命失败的血的教训"，遂确定在江西永新三湾村改编部队，实行"支部建在连上"：在连队设党支部，在优秀士兵中发展党员，在班、排设党小组，在连以上设党代表并担任党组织书记。这就在部队建起严整的党组织体系，为党全面建设和掌握部队提供了可靠的组织保证。后来，毛泽东等在领导"工农武装割据"斗争中，深切体会到"红军所以艰难奋战而不溃散，'支部建在连上'是一个重要原因"。经过实践总结，"支部建在连上"逐渐完善，于是纳入1929年12月底召开的古田会议通过的决议案并形成定制，成为建党建军的一项基本原则和制度延续至今。

"支部建在连上"的原则是由中国共产党的宗旨和人民军队的性质决定的。坚持党指挥枪，即党对军队的绝对领导原则的基本精神，一是人民解放军必须完全地、绝对地、无条件地置于共产党的领导之下，任何情况下，决不允许军队闹独立性，决不允许任何个人向党争兵权；二是除共产党和它的助手——共产主义青年团的组织，可以根据党中央委员会的指示在军队中工作以外，其他政党都不得在军队中发展和开展工作；三是人民解放军的一切活动都必须服从于和服务于党的纲领、路线、方针、政策。

90 年前，毛泽东亲手拟定的《古田会议决议》，意蕴丰厚、思想深邃，为建设党领导的人民军队奠定了思想理论根基。"支部建在连上"就是决议正式确立并传承至今的重要党建原则和制度。

长征中周恩来坚持过组织生活

　　红军长征期间，周恩来是党和中央红军主要负责人之一，身兼数职，尽管工作十分繁忙，但他仍严格要求自己，认真参加组织生活。

　　周恩来参加组织生活是抱着认真而不是敷衍的态度。1935 年 6 月底，红军到达两河口地区。在部队休息期间，根据上级指示，党组织进行了改选，警卫员魏国禄当选周恩来所在党小组的小组长。在党小组研究今后任务的第一次会议上，轮到个人发表意见时，周恩来说："现在是长征，我们小组应当保证没有一个掉队的，都走到抗日的最前线去。因此，在行军中要发扬阶级友爱的精神，互相帮助。"经小组讨论，大家都同意他的意见，党小组决定把"保证一个不掉队"作为长征一段时期内的主要任务。在后来的行军中，该党小组所有成员全部胜利到达陕北。

　　周恩来参加组织生活的纪律性很强。有一次，他问魏国禄为什么很长时间不开党小组会议，魏国禄回答说，小组会议开过了，看到首长忙，就没有通知。没想到，周恩来用平常少见的严肃态度，批评魏国禄道："那怎么能行？我是党员，应当过组织生活，如果确实有事不能参加，我自己可以向你请假，你不通知我可就是你的不对呀！在我们党内，每个人都是普通党员，谁都要过组织生活，这是个党性问题，你明白吗？以后开会可一定要通知我啊！"之后，魏国禄接受教训，每次开会都通知周恩来，而周恩来只要有时间，每次都参加，并很认真地发表自己的意见。

红军到达陕北后，周恩来又对魏国禄说："小组长，这个月党费我还没交吧？"魏国禄回答说，已经代首长交过5分钱党费了，首长集中精力忙国家大事，我们代交还不是一样的。然而，周恩来严肃地说："党费怎么可以让别人代交呢？""国家大事重要，交党费也重要，因为这是每个党员的义务。"

开展严肃认真的党内政治生活，是中国共产党的优良传统。严格的组织活动是党内政治生活的重要内容。"每个人都是普通党员，谁都要过组织生活""这是每个党员的义务"，作为党的高级负责人，周恩来这些掷地有声的话语和实实在在的行动，充分表明他对党内政治生活的重视和组织纪律的遵守，在严肃党的组织生活方面为我们树立了光辉的榜样。

作者：王定毅（中央党校党史部）

党员生活

　　党的组织生活是党内政治生活的重要内容和载体，是党组织对党员进行教育管理监督的重要形式。每名党员都应该珍惜党组织生活，积极参加支部党员大会、党小组会、组织生活会、谈心谈话、思想汇报等活动，增强党内政治生活的政治性、时代性、原则性和战斗性。

支部组织生活制度

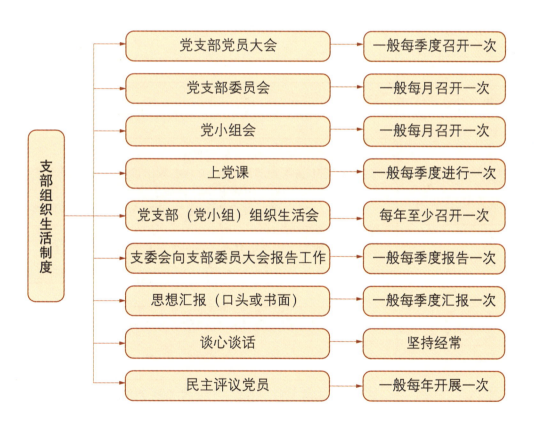

支部组织生活制度		
	党支部党员大会	一般每季度召开一次
	党支部委员会	一般每月召开一次
	党小组会	一般每月召开一次
	上党课	一般每季度进行一次
	党支部（党小组）组织生活会	每年至少召开一次
	支委会向支部委员大会报告工作	一般每季度报告一次
	思想汇报（口头或书面）	一般每季度汇报一次
	谈心谈话	坚持经常
	民主评议党员	一般每年开展一次

党支部党员大会

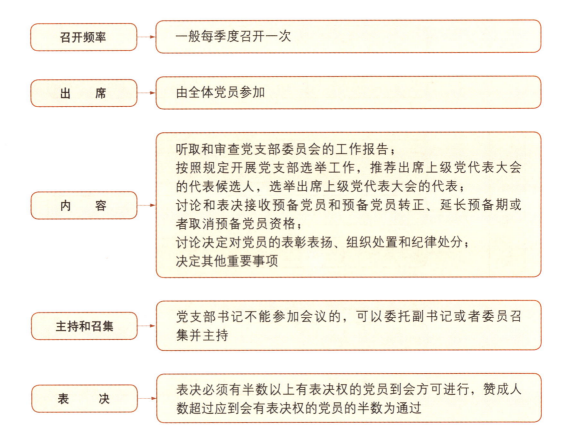

召开频率	一般每季度召开一次
出 席	由全体党员参加
内 容	听取和审查党支部委员会的工作报告； 按照规定开展党支部选举工作，推荐出席上级党代表大会的代表候选人，选举出席上级党代表大会的代表； 讨论和表决接收预备党员和预备党员转正、延长预备期或者取消预备党员资格； 讨论决定对党员的表彰表扬、组织处置和纪律处分； 决定其他重要事项
主持和召集	党支部书记不能参加会议的，可以委托副书记或者委员召集并主持
表 决	表决必须有半数以上有表决权的党员到会方可进行，赞成人数超过应到会有表决权的党员的半数为通过

党支部党员大会记录（第一季度）

★时间 _____　★地点 _____

★会议主题 _____

★列席人员 _____

★会议内容 _____

_____

_____

_____

_____

_____

_____

_____

_____

党支部党员大会记录（第二季度）

★时间 _____　　★地点 _____

★会议主题 _____

★列席人员 _____

★会议内容 _____

党支部党员大会记录（第三季度）

★时间 _____ ★地点 _____

★会议主题 _____

★列席人员 _____

★会议内容 _____

党支部党员大会记录（第四季度）

★时间 _____　　★地点 _____

★会议主题 _____

★列席人员 _____

★会议内容 _____

党支部委员会会议

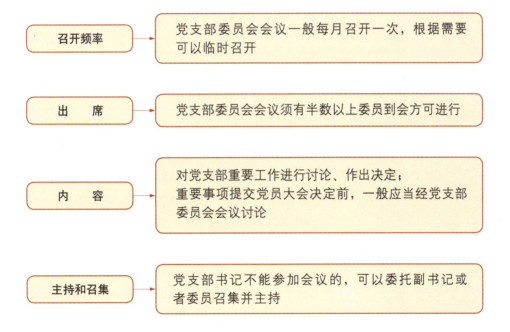

| 召开频率 | 党支部委员会会议一般每月召开一次，根据需要可以临时召开 |

| 出　席 | 党支部委员会会议须有半数以上委员到会方可进行 |

| 内　容 | 对党支部重要工作进行讨论、作出决定；重要事项提交党员大会决定前，一般应当经党支部委员会会议讨论 |

| 主持和召集 | 党支部书记不能参加会议的，可以委托副书记或者委员召集并主持 |

党支部委员会会议记录 (1月)

★时间 _____　★地点 _____

★会议主题 _____

★列席人员 _____

★会议内容 _____

_____

_____

_____

_____

_____

_____

_____

党支部委员会会议记录 (2月)

★时间 _____ ★地点 _____

★会议主题 _____

★列席人员 _____

★会议内容 _____

_____

_____

_____

_____

_____

_____

_____

_____

党支部委员会会议记录（3月）

★时间 ＿＿＿＿＿＿＿＿＿＿＿＿＿＿＿　★地点 ＿＿＿＿＿＿＿＿＿＿＿＿＿＿＿

★会议主题 ＿＿＿＿＿＿＿＿＿＿＿＿＿＿＿＿＿＿＿＿＿＿＿＿＿＿＿＿＿＿＿＿

★列席人员 ＿＿＿＿＿＿＿＿＿＿＿＿＿＿＿＿＿＿＿＿＿＿＿＿＿＿＿＿＿＿＿＿

★会议内容 ＿＿＿＿＿＿＿＿＿＿＿＿＿＿＿＿＿＿＿＿＿＿＿＿＿＿＿＿＿＿＿＿

党支部委员会会议记录 (4月)

★时间 _____ ★地点 _____

★会议主题 _____

★列席人员 _____

★会议内容 _____

党支部委员会会议记录 (5月)

★时间 _____ ★地点 _____

★会议主题 _____

★列席人员 _____

★会议内容 _____

_____

_____

_____

_____

_____

_____

_____

_____

党支部委员会会议记录 (6月)

★时间 _____   ★地点 _____

★会议主题 _____

★列席人员 _____

★会议内容 _____

_____

_____

_____

_____

_____

_____

_____

党支部委员会会议记录（7月）

★时间 _____　★地点 _____

★会议主题 _____

★列席人员 _____

★会议内容 _____

_____

_____

_____

_____

_____

_____

_____

党支部委员会会议记录 (8月)

★时间 _____ ★地点 _____

★会议主题 _____

★列席人员 _____

★会议内容 _____

_____

_____

_____

_____

_____

_____

_____

党支部委员会会议记录（9月）

★时间 _____　★地点 _____

★会议主题 _____

★列席人员 _____

★会议内容 _____

_____

_____

_____

_____

_____

_____

_____

_____

党支部委员会会议记录 (10月)

★时间 _____ ★地点 _____

★会议主题 _____

★列席人员 _____

★会议内容 _____

_____

_____

_____

_____

_____

_____

_____

党支部委员会会议记录（11月）

★时间 _____　　★地点 _____

★会议主题 _____

★列席人员 _____

★会议内容 _____

_____

_____

_____

_____

_____

_____

_____

党支部委员会会议记录（12月）

★时间 _____ ★地点 _____

★会议主题 _____

★列席人员 _____

★会议内容 _____

_____

_____

_____

_____

_____

_____

_____

_____

党小组会

召开频率 → 党小组会一般每月召开一次

内　　容 → 组织党员参加政治学习、谈心谈话、开展批评和自我批评等

主持和召集 → 党小组组长

党小组会记录 (1月)

★时间 _____ ★地点 _____

★会议主题 _____

★列席人员 _____

★会议内容 _____

_____

_____

_____

_____

_____

_____

_____

_____

党小组会记录（2月）

★时间 _____　★地点 _____

★会议主题 _____

★列席人员 _____

★会议内容 _____

_____

_____

_____

_____

_____

_____

_____

_____

党小组会记录 (3月)

★时间 _____ ★地点 _____

★会议主题 _____

★列席人员 _____

★会议内容 _____

_____

_____

_____

_____

_____

_____

_____

党小组会记录（4月）

★时间 _____　　★地点 _____

★会议主题 _____

★列席人员 _____

★会议内容 _____

_____

_____

_____

_____

_____

_____

_____

_____

党小组会记录 (5月)

★时间 _____ ★地点 _____

★会议主题 _____

★列席人员 _____

★会议内容 _____

_____

_____

_____

_____

_____

_____

_____

_____

党小组会记录 (6月)

★时间 _____　　★地点 _____

★会议主题 _____

★列席人员 _____

★会议内容 _____

_____

_____

_____

_____

_____

_____

_____

_____

党小组会记录 (7月)

★时间 ＿＿＿＿＿＿＿＿＿＿＿＿＿＿＿　★地点 ＿＿＿＿＿＿＿＿＿＿＿＿＿＿

★会议主题 ＿＿＿＿＿＿＿＿＿＿＿＿＿＿＿＿＿＿＿＿＿＿＿＿＿＿＿＿＿

★列席人员 ＿＿＿＿＿＿＿＿＿＿＿＿＿＿＿＿＿＿＿＿＿＿＿＿＿＿＿＿＿

★会议内容 ＿＿＿＿＿＿＿＿＿＿＿＿＿＿＿＿＿＿＿＿＿＿＿＿＿＿＿＿＿

＿＿＿＿＿＿＿＿＿＿＿＿＿＿＿＿＿＿＿＿＿＿＿＿＿＿＿＿＿＿＿＿＿＿＿＿

＿＿＿＿＿＿＿＿＿＿＿＿＿＿＿＿＿＿＿＿＿＿＿＿＿＿＿＿＿＿＿＿＿＿＿＿

＿＿＿＿＿＿＿＿＿＿＿＿＿＿＿＿＿＿＿＿＿＿＿＿＿＿＿＿＿＿＿＿＿＿＿＿

＿＿＿＿＿＿＿＿＿＿＿＿＿＿＿＿＿＿＿＿＿＿＿＿＿＿＿＿＿＿＿＿＿＿＿＿

＿＿＿＿＿＿＿＿＿＿＿＿＿＿＿＿＿＿＿＿＿＿＿＿＿＿＿＿＿＿＿＿＿＿＿＿

＿＿＿＿＿＿＿＿＿＿＿＿＿＿＿＿＿＿＿＿＿＿＿＿＿＿＿＿＿＿＿＿＿＿＿＿

＿＿＿＿＿＿＿＿＿＿＿＿＿＿＿＿＿＿＿＿＿＿＿＿＿＿＿＿＿＿＿＿＿＿＿＿

党小组会记录 (8月)

★时间 _____　　★地点 _____

★会议主题 _____

★列席人员 _____

★会议内容 _____

_____

_____

_____

_____

_____

_____

_____

_____

党小组会记录 (9月)

★时间 _____ ★地点 _____

★会议主题 _____

★列席人员 _____

★会议内容 _____

_____

_____

_____

_____

_____

_____

_____

_____

党小组会记录（10月）

★时间 _____　　★地点 _____

★会议主题 _____

★列席人员 _____

★会议内容 _____

_____

_____

_____

_____

_____

_____

_____

_____

党小组会记录（11月）

★时间 _____　★地点 _____

★会议主题 _____

★列席人员 _____

★会议内容 _____

_____

_____

_____

_____

_____

_____

_____

党小组会记录（12月）

★时间 _____　　★地点 _____

★会议主题 _____

★列席人员 _____

★会议内容 _____

组织生活会

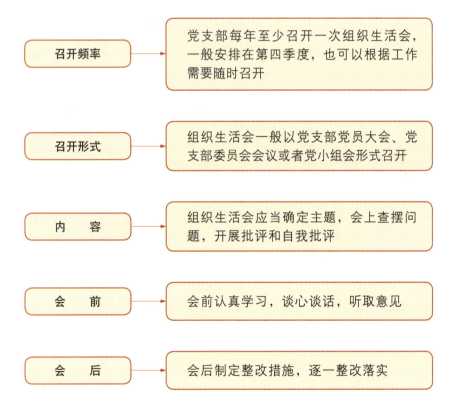

召开频率 → 党支部每年至少召开一次组织生活会，一般安排在第四季度，也可以根据工作需要随时召开

召开形式 → 组织生活会一般以党支部党员大会、党支部委员会会议或者党小组会形式召开

内　容 → 组织生活会应当确定主题，会上查摆问题，开展批评和自我批评

会　前 → 会前认真学习，谈心谈话，听取意见

会　后 → 会后制定整改措施，逐一整改落实

组织生活会记录（　　年度）

★时间 _____ 　★地点 _____

★会议主题 _____

★列席人员 _____

★会议内容 _____

_____

_____

_____

_____

_____

_____

_____

_____

民主生活会

召开频率 → 民主生活会每年召开一次，一般安排在第四季度

方针和目的 → 民主生活会应当遵循"团结—批评—团结"的方针，坚持实事求是，讲党性不讲私情、讲真理不讲面子，达到统一思想、增进团结、互相监督、共同提高的目的

内　　容 → 民主生活会应当确定主题，一般由上级党组织统一确定，或者由领导班子根据自身建设实际确定，并报上级党组织同意；
民主生活会应当围绕主题，就"遵守党章，坚定理想信念""加强领导班子自身建设""正确行使权力，科学决策""践行社会主义核心价值观""执行党的群众路线""履行全面从严治党主体责任和监督责任"等6个方面进行对照检查，开展批评和自我批评。受到诫勉谈话的，应当说明整改情况；
领导班子遇到重要或者普遍性问题，出现重大决策失误或者对突发事件处置失当，经纪律检查、巡视和审计发现重要问题，以及发生违纪违法案件等情况的，应当专门召开民主生活会，及时剖析整改

程　　序 → 通报上一次民主生活会整改措施落实情况和本次民主生活会征求意见情况；
主要负责人代表领导班子做对照检查；
领导班子成员逐一进行对照检查，作自我批评，其他成员对其提出批评意见；
主要负责人总结会议情况，提出整改工作要求；
因故缺席的人员应当提交书面发言材料。会后，将会议情况和批评意见转告缺席人

民主生活会记录（　　年度）

★时间 _____　★地点 _____

★会议主题 _____

★列席人员 _____

★会议内容 _____

_____

_____

_____

_____

_____

_____

_____

_____

_____

_____

_____

思想汇报

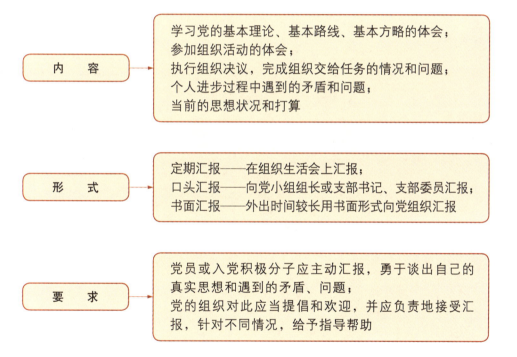

内　容 → 学习党的基本理论、基本路线、基本方略的体会；
参加组织活动的体会；
执行组织决议，完成组织交给任务的情况和问题；
个人进步过程中遇到的矛盾和问题；
当前的思想状况和打算

形　式 → 定期汇报——在组织生活会上汇报；
口头汇报——向党小组组长或支部书记、支部委员汇报；
书面汇报——外出时间较长用书面形式向党组织汇报

要　求 → 党员或入党积极分子应主动汇报，勇于谈出自己的
真实思想和遇到的矛盾、问题；
党的组织对此应当提倡和欢迎，并应负责地接受汇
报，针对不同情况，给予指导帮助

思想汇报记录

★时间 _____　　★地点 _____

★会议主题 _____

★列席人员 _____

★会议内容 _____

谈心谈话

| 召开频率 | ➔ | 党支部应当经常开展谈心谈话。党支部委员之间、党支部委员和党员之间、党员和党员之间，每年谈心谈话一般不少于一次 |

| 要　求 | ➔ | 应当坦诚相见、交流思想、交换意见、帮助提高；党支部应当注重分析党员思想状况和心理状态；对家庭发生重大变故和出现重大困难、身心健康存在突出问题等情况的党员，党支部书记应当帮助做好心理疏导；对受到处分处置以及有不良反映的党员，党支部书记应当有针对性地做好思想政治工作 |

谈心谈话记录

★时间 _____　　★地点 _____

★会议主题 _____

★列席人员 _____

★会议内容 _____

_____

_____

_____

_____

_____

_____

_____

_____

_____

发展党员

| 内　容 | → | 党支部要对要求入党的积极分子进行教育和培养，做好经常性的发展党员工作，把政治标准放在首位，严格程序、严肃纪律，发展政治品质纯洁的党员。发现、培养和推荐党员、群众中间的优秀人才 |

| 指导原则 | → | 一是贯彻"五个基本"。发展党员工作应当贯彻党的基本理论、基本路线、基本纲领、基本经验和基本要求；
二是遵循"十六字"总要求。即控制总量、优化结构、提高质量、发挥作用；
三是落实"三个坚持"。坚持党章规定的党员标准，始终把政治标准放在首位；坚持慎重发展、均衡发展，有领导、有计划地进行；坚持入党自愿原则和个别吸收原则，成熟一个，发展一个；
四是做到一个禁止、一个反对。禁止突击发展，反对"关门主义" |

入党积极分子名册

序号	姓　名	性别	出生年月（年　龄）	民族	学　历	参加工作时间	所属党小组	工作单位及职务（职称）	第一次递交入党申请书时间	列为入党积极分子时间	参加培训

预备党员名册

序号	姓 名	性别	出生年月（年 龄）	民族	学 历	参加工作时间	所 属党小组	工作单位及职务（职称）	培 养联系人	发展党员时 间	讨论转正时间

民主评议党员

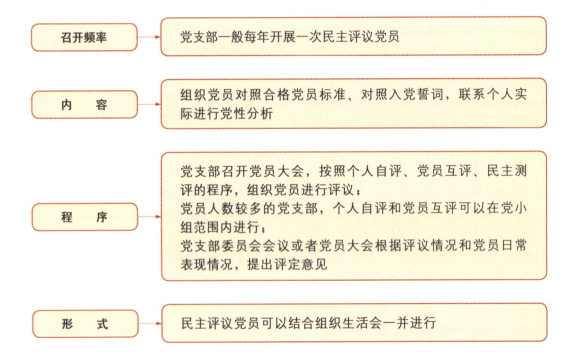

召开频率 → 党支部一般每年开展一次民主评议党员

内　容 → 组织党员对照合格党员标准、对照入党誓词，联系个人实际进行党性分析

程　序 → 党支部召开党员大会，按照个人自评、党员互评、民主测评的程序，组织党员进行评议；
党员人数较多的党支部，个人自评和党员互评可以在党小组范围内进行；
党支部委员会会议或者党员大会根据评议情况和党员日常表现情况，提出评定意见

形　式 → 民主评议党员可以结合组织生活会一并进行

党支部民主评议表（　　年度）

＿＿＿＿＿党支部　　　　　　　　　　　　　　＿年＿月＿日

评价项目	评价意见			
	好	较好	一般	差
执行上级党组织决定				
严格党的组织生活制度				
加强党员教育管理				
教育引领和联系服务群众				
加强班子自身建设				
总体评价				
对党支部意见建议				
说明：请在相应栏中打"√"。				

民主评议党员测评表（ 年度）

_____党支部 ___年___月___日

姓名	评议内容																综合评定				不合格情况说明
	学习习近平新时代中国特色社会主义思想情况				树牢"四个意识"、坚定"四个自信"、坚决做到"两个维护"				履职践诺、担当作为、真抓实干				遵规守纪								
	好	较好	一般	差	好	较好	一般	差	好	较好	一般	差	好	较好	一般	差	优秀	合格	基本合格	不合格	

格言与感悟

忠诚印寸心，浩然充两间。

——蔡和森

他活着为了多数人更好地活的人，群众把他抬举得很高，很高。

——臧克家

没有比脚更长的路，没有比人更高的山。

——汪国真

人最宝贵的是生命，生命对于每个人只有一次。人的一生应当这样度过：当回忆往事的时候，他不会因为虚度年华而悔恨，也不会因为碌碌无为而羞愧；在临死的时候，他能够说："我的整个生命和全部精力，都已经献给了世界上最壮丽的事业——为人类的解放而斗争。"

——奥斯特洛夫斯基

写下你喜欢的格言和感悟：

红色记忆

建党以来"对党忠诚"的定义及要求

民主革命时期"对党忠诚"的具体要求和定义

中国共产党早在成立初期，就在党纲和党章中提出了党员"对党忠诚"的明确要求。党的一大制定的首部党纲规定，申请入党者必须为"承认本党党纲和政策，并愿成为忠实党员的人"。党的二大规定申请入党者必须"承认本党宣言及章程并愿忠实为本党服务"。这些规定不仅要求党员在思想上忠诚于党的纲领和政策，而且要求党员在行动上忠实为党服务，形成了党员对党忠诚的基本要求。1927 年 5 月，党章将入党标准进一步完善为"承认本党党纲及章程，服从党的决议，参加在党的一定组织中工作并缴纳党费"。党的五大通过的《组织问题决议案》中强调，"党内纪律非常重要，但宜重视政治纪律"。

　　进入土地革命战争时期，严格遵守党的组织纪律和秘密工作纪律成为党员"对党忠诚"的基本内容。随着中国共产党的工作重心逐步转向农村，要求新入党的农民党员必须高度忠诚于党和革命事业。因此，1929 年 12 月召开的古田会议将"忠实"规定为新分子入党的五项条件之一。这一时期，夏明翰、恽代英、方志敏、瞿秋白等一大批革命英烈以其坚贞不屈、慷慨就义的英雄事迹诠释了党员对党忠诚的深刻内涵。

　　为了更好地争取广大群众加入抗日民族统一战线开展对日斗争，中国共产党在抗日战争时期对全体党员和干部提出了更为丰富的"对党忠诚"要求。1937 年 5 月，毛泽东提出，党的干部和群众领袖要"忠心耿耿地为民族、为阶级、为党而工作"。此后，在 1938 年 9 月召开的党的六届六中全会上，毛泽东又提出了"任人唯贤"的干部路线。

　　解放战争后期，为了更好地发挥包括青年知识分子在内的党员干部的作用，中国共产党强调党员应如实填写入党等表格资料。1949 年 9 月，邓小平在南京市支部书记及部队排以上干部党员大会上专门作了《论忠诚与老实》的报告，指出："'忠诚'就是将全部真情率直而老实地向党坦白出来，就是要忠实于党的事业，忠实于人民的事业。"这一阐述将"忠诚"的定义归纳为党员对党组织老实、坦白，对党和人民的事业忠实、负责。

社会主义建设时期"对党忠诚"的具体要求

新中国成立后，为了使广大党员始终保持革命战争时期的良好精神状态，改进各级领导机关和干部存在的不良作风，党先后在全党开展了整风和整党运动。1951 年 4 月 9 日，中国共产党第一次全国组织工作会议通过的《关于发展新党员的决议》强调，"每位党员必须下定终身坚持革命斗争的决心，积极地为党工作，严格地遵守党的纪律，执行党的政策，遵守国家法令，把党和人民的利益放在个人利益之上，全心全意为人民服务，奋不顾身地为党和人民的事业而斗争"。此外，这次大会通过的《关于整顿党的基层组织的决议》提出了新形势下党员的八条标准，对党员的忠诚进一步作了规定。在此基础上，党的八大党章规定了党员的十项义务。其中，"对党忠诚老实，不隐瞒和歪曲事实真相"的规定直接提出了党员忠诚的具体要求。

党在 1962 年召开的七千人大会上强调要遵守党的纪律，对党忠诚老实。1963—1965 年，党在部分农村和少数城市基层开展了社会主义教育运动，其中的一项重要工作即为"重新登记党员"，并提出了准予登记的十个条件。条件中的第六项即为"对党忠诚老实，如实反映情况"。

改革开放新时期"对党忠诚"的具体内涵和新要求

　　改革开放以来，党所处的历史方位和执政环境发生了根本性变化，影响党员忠诚度的因素日益增多。1980 年 2 月召开的党的十一届五中全会通过了《关于党内政治生活的若干准则》，部分规定的内容直接提出了党员忠诚的要求。在此基础上，党的十二大党章专门提出了党员所应达到的要求。其中，"中国共产党党员必须全心全意为人民服务，不惜牺牲个人的一切，为实现共产主义奋斗终身"的规定提出了党员在新时期保持对党忠诚的深刻内涵。

　　进入改革开放新时期，中共中央对党忠诚的强调集中体现在对领导干部的选拔和任用中。改革党的干部制度，培养选拔中青年干部，造就一大批适应社会主义现代化建设需要的干部队伍，是确立党在新时期组织路线的重要内容。1979 年 7 月，邓小平提出选拔干部的标准主要有两条，即"一条是拥护三中全会的政治路线和思想路线，一条是讲党性，不搞派性"。1980 年 12 月，邓小平又对选拔党员干部提出了"革命化、年轻化、知识化、专业化"的要求，并强调"首先是要革命化"。此后，这一思想和要求在党员干部的选拔任用中得以沿用和发展。1989 年 12 月，江泽民在讲话中强调，"保证党和国家的各级领导权由忠诚于马克思主义的人来掌握，是一个至为重要的战略问题，直接关系到党和国家的盛衰兴亡"。1995 年 2 月制定的《党政领导干部选拔任用工作暂行条例》

规定使党员干部"对党忠诚"的要求通过党内制度的形式固定下来。

党的十八大以来"对党忠诚"的进一步强调和新要求

一是把"对党忠诚"作为党员领导干部的首要政治品格。只有对忠诚有了深刻认识，才能使其成为全体党员的共识，并自觉做到对党忠诚。党的十八大以来，习近平总书记对党忠诚的重大意义多次作了阐述。2014 年 5 月，习近平总书记在视察中共中央办公厅时首次将"对党忠诚"作为领导干部的首要政治品质提了出来。此后，他又就这一问题多次作出重要阐述。

二是强调党员干部对党要做到"绝对忠诚"。2014 年 5 月，习近平总书记在《办公厅工作要做到"五个坚持"》中指出"对党绝对忠诚是中办的生命线，是做好中办工作的根本点"，提出了"对党绝对忠诚"的命题。这一论述明确了对党绝对忠诚的实践要求，便于全体党员干部严格遵守。

三是提出并阐述了增强对党忠诚意识的方法和路径。首要的是必须坚定理想信念。习近平总书记指出，"只有对马克思主义信仰坚定了，对中国特色社会主义信念坚定了，对党忠诚才能有牢靠的基础"。这就强调了坚定的理想信念是对党忠诚的基础和关键。他还提出了党员干部在行为上要牢固树立"四个意识"，严格遵守党的政治纪律和政治规矩。此外，习近平总书记还强调党员干部对党忠诚要着重体现在敢于实践、勇于担当上。当前，要实现"两个一百年"奋斗目标，需要全体党员在党中央的坚强领导下敢于实践，勇于担当，用攻坚克难的实际行动和不凡的工作业绩，诠释对党的忠诚。

作者：曹普（中共中央党校党史教研部副主任）
徐丙（全国党校进修学院院长）

党员教育

　　党员教育是党的建设的重要基础工作和长期战略任务。通过党支部组织的各项党员教育活动，提高党员思想政治素质，增强党员工作能力，发挥党员的先锋模范作用。

党员教育的基本内容

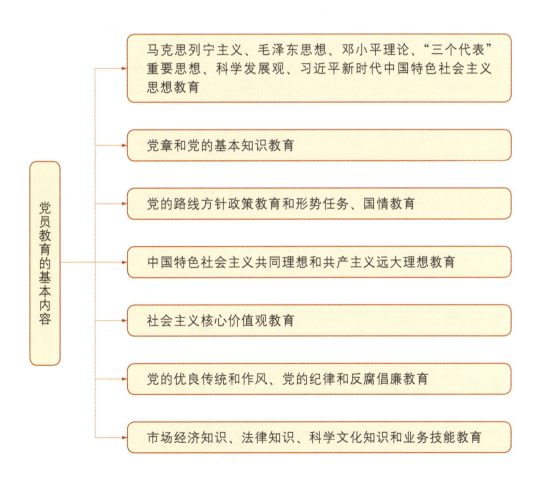

党员教育的基本内容

- 马克思列宁主义、毛泽东思想、邓小平理论、"三个代表"重要思想、科学发展观、习近平新时代中国特色社会主义思想教育

- 党章和党的基本知识教育

- 党的路线方针政策教育和形势任务、国情教育

- 中国特色社会主义共同理想和共产主义远大理想教育

- 社会主义核心价值观教育

- 党的优良传统和作风、党的纪律和反腐倡廉教育

- 市场经济知识、法律知识、科学文化知识和业务技能教育

中国共产党党员教育管理工作条例

（节选）

（2019 年 5 月 6 日）

第二章　学习贯彻习近平新时代中国特色社会主义思想

第五条　把用习近平新时代中国特色社会主义思想武装全党作为党员教育管理的首要政治任务，引导党员充分认识学习贯彻习近平新时代中国特色社会主义思想的重大意义，自觉学懂弄通做实。

第六条　组织党员读原著、学原文、悟原理，深入学习领会习近平新时代中国特色社会主义思想的核心要义、基本精神、实践要求，掌握贯穿其中的马克思主义立场观点方法，增强政治自觉、理论自信、情感融入。建立以学习贯彻习近平新时代中国特色社会主义思想为中心内容的党员教育教材体系。

教育引导党员把学习习近平新时代中国特色社会主义思想同学习马克思列宁主义、毛泽东思想、邓小平理论、"三个代表"重要思想、科学发展观紧密结合起来，不断提高马克思主义思想觉悟和理论水平。

第七条　坚持集中教育和经常性教育相结合，组织培训和个人自学相结合，采取集中轮训、党委（党组）理论学习中心组学习、理论宣讲、组织生活、在线学习培训等方式，形成习近平新时代中国特色社会主义思想学习教育长效机制，推动党员学深悟透、入脑入心。

第八条　弘扬理论联系实际的马克思主义学风，引导党员把自己摆进去、把职责摆进去、把工作摆进去，学以致用、知行合一，提高政治站位，强化责任担当，增强过硬本领，做好本职工作，自觉做习近平新时代中国特色社会主义思想坚定信仰者和忠实实践者。

党员领导干部应当坚持更高标准、更严要求，全面学、系统学、贯通学、深入学、跟进学，自觉用以武装头脑、指导实践、推动工作，发挥示范带动作用。

第三章　党员教育基本任务

第九条　加强政治理论教育，突出党的创新理论学习，组织党员学习党的基本理论、基本路线、基本方略，学习马克思主义基本原理和党的基本知识，引导党员坚定理想信念，增强党性修养，努力掌握并自觉运用马克思主义立场观点方法。

第十条　突出政治教育和政治训练，严格党内政治生活锻炼，教育党员旗帜鲜明讲政治，提高政治觉悟和政治能力，严守政治纪律和政治规矩，永葆共产党人政治本色，做到"四个服从"，在思想上政治上行动上同以习近平同志为核心的党中央保持高度一致。

第十一条　强化党章党规党纪教育，引导党员牢记入党誓词，坚持合格党员标准，自觉遵守党的纪律，带头践行社会主义核心价值观，培养高尚道德情操，培育良好思想作风、学风、工作作风、生活作风和家风。加强宪法法律法规教育，引导党员尊法学法守法用法。

第十二条　加强党的宗旨教育，引导党员践行全心全意为人民服务的根本宗旨，贯彻党的群众路线，提高群众工作本领，密切联系服务群众。

第十三条　进行革命传统教育，引导党员学习党史、国史、改革开放史、社会主义发展史和中华优秀传统文化，铭记党的奋斗历程，弘扬党的优良传统，传承红色基因，践行共产党人价值观，激发爱国主义热情。

第十四条　开展形势政策教育，围绕贯彻执行党和国家重大决策、推进落实重大任务，宣讲党的路线方针政策，解读世情国情党情，回应党员关注的问题，引导党员正确认识形势，把思想和行动统一到党中央要求上来。

第十五条　注重知识技能教育，根据党员岗位职责要求和工作需要，组织引导党员学习掌握业务知识、科技知识、实用技术等，帮助党员提高综合素质和履职能力，增强服务本领。

第四章　党员日常教育管理主要方式

第十六条　党支部应当运用"三会一课"制度，对党员进行经常性的教育管理。党员应当按期参加党员大会、党小组会和上党课，进行学习交流，汇报思想、工作等情况。党员领导干部应当参加双重组织生活。

党支部应当每月开展1次主题党日，贴近党员思想和工作实际，组织党员集中学习、过组织生活、进行民主议事和开展志愿服务等。

党员应当按期交纳党费。党组织应当做好党费收缴、使用和管理工作。

第十七条　党支部每年至少召开1次组织生活会，也可以根据工作需要随时召开，一般以党员大会、党支部委员会会议或者党小组会形式进行。

第十八条　党支部一般每年开展1次民主评议党员。党支部召开党员大会，按照个人自评、党员互评、民主测评的程序，组织党员进行评议。党支部委员会会议或者党员大会根据评议情况和党员日常表现情况，提出评定意见。

民主评议党员可以结合组织生活会一并进行。

第十九条　基层党组织应当注重分析党员思想状况和心理状态，党组织负责人应当经常同党员谈心谈话，有针对性地做好思想政治工作。

第二十条　市、县党委或者基层党委每年应当组织党员集中轮训，主要依托县级党校（行政学校）、基层党校等进行。根据事业发展和党的建设重点任务，结合本地区本部门本单位中心工作和党员实际，确定培训内容和方式。党员每年集中学习培训时间一般不少于 32 学时。

第二十一条　党组织应当按照党中央部署要求，组织党员认真参加党内集中学习教育，引导党员围绕学习教育主题，深入学习党的创新理论，查找解决自身存在的突出问题。

省级党委、行业系统党组织可以根据党员思想状况和党的建设需要，适时开展专题学习教育。

第二十二条　党组织应当充分发挥党员的先锋模范作用，结合不同群体党员实际，通过树立、学习身边的榜样，设立党员示范岗、党员责任区，开展设岗定责、承诺践诺等，引导党员做好本职工作，干在实处、走在前列，创先争优，在联系服务群众、完成重大任务中勇于担当作为，做到平常时候看得出来、关键时刻站得出来、危急关头豁得出来。

鼓励和引导党员参与志愿服务。党员应当积极参加党组织开展的志愿服务活动，也可以自行开展志愿服务活动。

第二十三条　党组织应当坚持从严教育管理和热情关心爱护相统一，从政治、思想、工作、生活上激励关怀帮扶党员。

针对老党员的身体、居住和家庭等实际情况，采取灵活方式，进行教育管理服务，组织他们参加党的组织生活，发挥力所能及的作用。对年老体弱、行动不便、身患重病甚至失能的党员，组织活动和开展学习教育不作硬性要求，党组织通过送学上门、走访慰问等方式，给予更多关心照顾。

"不忘初心、牢记使命"主题教育根本指针

2019 年 5 月 31 日，"不忘初心、牢记使命"主题教育工作会议在北京召开。中共中央总书记、国家主席、中央军委主席习近平出席会议并发表重要讲话。在这次会议上，习近平深刻阐述了开展"不忘初心、牢记使命"主题教育的重大意义、总要求、根本任务和具体目标，具有很强的政治性、思想性、针对性、指导性，是开展"不忘初心、牢记使命"主题教育的根本指针，是新时代加强党的建设的纲领性文献。

一、重大意义

开展"不忘初心、牢记使命"主题教育，是用习近平新时代中国特色社会主义思想武装全党的迫切需要，是推进新时代党的建设的迫切需要，是保持党同人民群众血肉联系的迫切需要，是实现党的十九大确定的目标任务的迫切需要。

二、总要求

"守初心、担使命，找差距、抓落实"是一个相互联系的整体，要全面把握，贯穿主题教育全过程。

守初心，就是要牢记全心全意为人民服务的根本宗旨，以坚定的理想信念坚守初心，牢记人民对美好生活的向往就是我们的奋斗目标，时刻不忘我们党来自人民、根植人民，永远不能脱离群众、轻视群众、漠视群众疾苦。

担使命，就是要牢记我们党肩负的实现中华民族伟大复兴的历史使命，勇于担当负责，积极主动作为，保持斗争精神，敢于直面风险挑战，以坚忍不拔的意志和无私无畏的勇气战胜前进道路上的一切艰难险阻。

找差距，就是要对照新时代中国特色社会主义思想和党中央决策部署，对照党章党规，对照人民群众新期待，对照先进典型、身边榜样，坚持高标准、严要求，有的放矢进行整改。

抓落实，就是要把新时代中国特色社会主义思想转化为推进改革发展稳定和党的建设各项工作的实际行动，把初心使命变成党员干部锐意进取、开拓创新的精气神和埋头苦干、真抓实干的自觉行动，力戒形式主义、官僚主义，推动党的路线方针政策落地生根，推动解决人民群众反映强烈的突出问题，不断增强人民群众获得感、幸福感、安全感。

三、根本任务

牢牢把握深入学习贯彻新时代中国特色社会主义思想，锤炼忠诚干净担当的政治品格，团结带领全国各族人民为实现伟大梦想共同奋斗。

四、具体目标

理论学习有收获，重点是教育引导广大党员干部在原有学习的基础上取得新进步，加深对新时代中国特色社会主义思想和党中央大政方针的理解，学深悟透、融会贯通，增强贯彻落实的自觉性和坚定性，提高运用党的创新理论指导实践、推动工作的能力。

思想政治受洗礼，重点是教育引导广大党员干部坚定对马克思主义的信仰、对中国特色社会主义的信念，传承红色基因，增强"四个意识"、坚定"四个自信"、做到"两个维护"，自觉在思想上政治上行动上同党中央保持高度一致，始终忠诚于党、忠诚于人民、忠诚于马克思主义。

干事创业敢担当，重点是教育引导广大党员干部以强烈的政治责任感和历史使命感，保持只争朝夕、奋发有为的奋斗姿态和越是艰险越向前的斗争精神，以钉钉子精神抓工作落实，努力创造经得起实践、人民、历史检验的实绩。

为民服务解难题，重点是教育引导广大党员干部坚守人民立场，树立以人民为中心的发展理念，增进同人民群众的感情，自觉同人民想在一起、干在一起，着力解决群众的操心事、烦心事，以为民谋利、为民尽责的实际成效取信于民。

清正廉洁作表率，重点是教育引导广大党员干部保持为民务实清廉的政治本色，自觉同特权思想和特权现象作斗争，坚决预防和反对腐败，清清白白为官、干干净净做事、老老实实做人。

"两学一做"学习教育

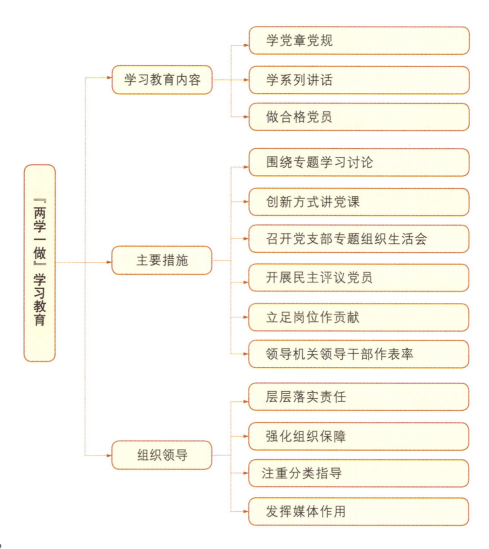

『两学一做』学习教育

学习教育内容
- 学党章党规
- 学系列讲话
- 做合格党员

主要措施
- 围绕专题学习讨论
- 创新方式讲党课
- 召开党支部专题组织生活会
- 开展民主评议党员
- 立足岗位作贡献
- 领导机关领导干部作表率

组织领导
- 层层落实责任
- 强化组织保障
- 注重分类指导
- 发挥媒体作用

"学习强国"学习平台的使用

　　说明："学习强国"学习平台由中宣部主管，以深入学习宣传习近平新时代中国特色社会主义思想为主要内容，建立纵向到底、横向到边学习网络，实现有组织、有指导、有管理、有服务的学习，于 2019 年 1 月 1 日上线。

下载"学习强国"二维码

学习方法

打开平台，点击右下角"我的"，然后选择"学习积分"。

可以看到，一共有 12 种赚取积分的方法，每天最高可以拿到 66 个积分。

技巧一：注意学习时间

平台方便了我们随时随地可进行学习，但如果注意选择学习时间，可以更快地赚积分。在特定时间段，可获得双倍积分。这个特定时间段分别是：每天 6：00—8：30、12：00—14：00、20：00—22：30。在这三个时间段内，阅读文章、观看视频、文章学习时长、视频学习时长都是双倍积分。

技巧二：保持有效学习

什么叫有效学习？就是学习有效果，积分拿得到。

平台规定：

（1）阅读同一篇文章、观看同一个视频都只奖励一次积分。

（2）文章学习时长只奖励阅读文章正文页的时长，其他页面停留时长是不奖励的。（需要注意的是，阅读累计满 4 分钟积一次分，几篇文章一起看了 4 分钟也是算的。）

总而言之，重复看文章和视频只计算一次积分，而学习时长是累计的，不用担心看一篇文章或视频达不到时间。

技巧三：学完评论、分享、收藏

学习完一篇文章或一段视频后，在屏幕下方有评论、分享、收藏，完成这些操作就会获得积分。

（1）评论。在文章、视频下面发表评论，每发表一个评论积1分，每日最高可获得5个积分。也就是说，每天在5条文章、视频下评论，就可以拿满5分。

（2）分享。分享文章或视频2次，积1分，每日最高可获得3个积分。

（3）收藏。收藏文章或视频2次，积1分，每日最高可获得1个积分。

技巧四：记得答题拿分

平台有"智能答题""每周一答""专题考试"3种方式答题获取积分。

（1）"智能答题"：答题满分积2分，答题未获满分积1分，每日最高可获6分。

方法：打开平台，点击右下角"我的"，然后选择"答题活动"，再点击"智能答题"。

（2）"每周一答"：答题满分积 8 分，答题未获满分积 6 分，每日最高可获 8 分。

方法：打开平台，点击右下角"我的"，然后选择"答题活动"，再点击"每周一答"。

（3）"专题考试"：考试满分积 10 分，考试及格以上但未获满分积 8 分，每日最高可获 10 分。

方法：打开平台，点击右下角"我的"，然后选择"专题考试"，再点击"开始答题"。

需要强调的是，答题满分得到的积分要高些。

技巧五：订阅可拿积分

订阅一个强国号或学习平台积 1 分，每日最高可获得 2 个积分。

注意：重复订阅不得分。

上党课

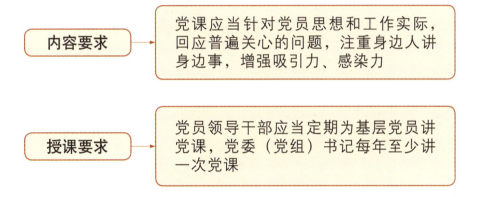

内容要求 —— 党课应当针对党员思想和工作实际，回应普遍关心的问题，注重身边人讲身边事，增强吸引力、感染力

授课要求 —— 党员领导干部应当定期为基层党员讲党课，党委（党组）书记每年至少讲一次党课

上党课记录（ 年度）

★时间 _____ ★地点 _____

★会议主题 _____

★列席人员 _____

★会议内容 _____

_____

_____

_____

_____

_____

_____

_____

主题党日

召开频率	党支部每月相对固定一天开展主题党日
内　　容	组织党员集中学习、过组织生活、进行民主议事和志愿服务等
开 展 前	主题党日开展前，党支部应认真研究确定主题和内容
开 展 后	开展后，应当抓好议定事项的组织落实

主题党日记录（1月）

★时间 _____　　★地点 _____

★会议主题 _____

★列席人员 _____

★会议内容 _____

_____

_____

_____

_____

_____

_____

_____

_____

主题党日记录 (2月)

★时间 _____ ★地点 _____

★会议主题 _____

★列席人员 _____

★会议内容 _____

_____

_____

_____

_____

_____

_____

_____

主题党日记录（3月）

★时间 _____　★地点 _____

★会议主题 _____

★列席人员 _____

★会议内容 _____

_____

_____

_____

_____

_____

_____

_____

主题党日记录（4月）

★时间 _____　★地点 _____

★会议主题 _____

★列席人员 _____

★会议内容 _____

_____

_____

_____

_____

_____

_____

_____

主题党日记录 (5月)

★时间 _____　　★地点 _____

★会议主题 _____

★列席人员 _____

★会议内容 _____

主题党日记录 (6月)

★时间 _____　★地点 _____

★会议主题 _____

★列席人员 _____

★会议内容 _____

_____

_____

_____

_____

_____

_____

_____

_____

主题党日记录 (7月)

★时间 _____   ★地点 _____

★会议主题 _____

★列席人员 _____

★会议内容 _____

_____

_____

_____

_____

_____

_____

_____

主题党日记录 (8月)

★时间 _____ ★地点 _____

★会议主题 _____

★列席人员 _____

★会议内容 _____

_____

_____

_____

_____

_____

_____

_____

主题党日记录（9月）

★时间 _____　★地点 _____

★会议主题 _____

★列席人员 _____

★会议内容 _____

_____

_____

_____

_____

_____

_____

主题党日记录（10月）

★时间 _____ ★地点 _____

★会议主题 _____

★列席人员 _____

★会议内容 _____

_____

_____

_____

_____

_____

_____

_____

_____

主题党日记录（11月）

★时间 _____ ★地点 _____

★会议主题 _____

★列席人员 _____

★会议内容 _____

_____

_____

_____

_____

_____

_____

_____

主题党日记录（12月）

★时间 _____　★地点 _____

★会议主题 _____

★列席人员 _____

★会议内容 _____

_____

_____

_____

_____

_____

_____

_____

格言与感悟

天下至德，莫大于忠。

——（东汉）马融

所以表不忘初心，而必果本愿也。

——（唐）白居易

人生自古谁无死，留取丹心照汗青。

——（南宋）文天祥

生平未报国，留作忠魂补。

——（明）杨继盛

苟利国家生死以，岂因祸福避趋之。

——（清）林则徐

写下你喜欢的格言和感悟：

"三会一课"的历史沿革

"三会一课"指的是定期召开支部党员大会、支部委员会、党小组会，按时上好党课。

"三会一课"的产生和初步确立

基于马列主义原则建立的中国共产党，自诞生起就建立了由党的中央组织、地方组织和基层组织构成的组织体系。党的二大通过的党章对定期召开党小组、党支部、地方全体党员会议作出了规定。同时，领导干部讲党课也随着党的队伍建设需要而出现，比如1925年就创办了北方区委党校。古田会议前，毛泽东一直在思考如何"有计划地进行党内教育"，从思想上建设党的队伍。古田会议上他总结出召开"小组会""支部大会""支部委、组联席会"等

18 种进行党性教育的方法。延安时期，处于艰难困苦中的中国共产党，创造出多种多样的党内教育办法。毛泽东高度重视党员领导干部讲党课，曾先后十多次到抗大授课。这些战争年代形成的优良传统，虽然未能形成一种稳定的制度结构，但其历经磨难的精神底色和实践成效，为"三会一课"制度夯实了根基，更注入了灵魂。

新民主主义革命胜利后，中国共产党成为全国范围的执政党，各地党员和党组织可以公开活动并加强他们的联系，"三会一课"自上而下推而广之。至 1957 年，包括新疆在内的大多数地方党组织都建立了生动活泼的"三会一课"，成为全党政治生活和组织生活的一种基本形式和基本制度。

"三会一课"重焕生机

1980 年 2 月，经过两年多酝酿、起草和征求意见，集中全党智慧的《关于党内政治生活的若干准则》颁布。其中强调，要发扬党的优良传统，每个党员不论职务高低，都必须编入党的一个组织，参加组织生活。1982 年党的十二大通过的党章规定，设立委员会的基层组织定期召开党员大会、总支部党员大会、支部党员大会，以及组织开展党内学习教育。至此，一度荒废的"三会一课"在上下呼应中回归党内政治生活，为整治基层党组织涣散、重建党的统一权威发挥了积极作用。

党的十八大以来"三会一课"的新使命

党的十八大以来，在党中央着眼全面从严治党的新形势下，正本清源、净化政治生态，继续凝聚下一轮改革共识，成为党内各项制度的全新使命。2016 年 10 月，具有重大历史意义的《关于新形势下党内政治生活的若干准则》发布，将"三会一课"列为严格党的组织生活制度的重要事项，要求突出政治学习和教育，突出党性锻炼，强调要坚决防止表面化、形式化、娱乐化、庸俗化，坚持党员领导干部讲党课制度。这为"三会一课"这项具有深厚革命传统积淀的制度在当下的发展指出了重点，明确了方向，赋予了新的使命。

主题党日的发展历程

"党日"一词，最早出现在 1936 年 9 月中国工农红军第十五军团政治部的《关于党支部工作的总结》，文中明确："每个星期日及星期三的党日用来上党课召开党的会议等。"

1978 年颁布的《中国人民解放军政治工作条例》提出了党支部组织生活的"七项制度"，第二项便是"党日制度"，规定"每周用半天时间进行党的组织活动"。

1999 年颁布的《中国共产党农村基层组织工作条例》，要求"严格党的组织生活。村党支部每月应当开展一次党员活动，包括学习党的文件、上党课、召开组织生活会等"，基层简称为"党员活动日"。

2006 年，中共中央办公厅印发的《关于做好党员联系和服务群众工作的意见》，要求"党员要积极参加党组织开展的以服务群众为主要内容的主题实践活动"，开始引入"主题"这一概念。

2016 年 3 月，"两学一做"学习教育开始后，各地为了保证党员的学习时间，纷纷利用"党员活动日"安排党员集中学习研讨，完全激活了"党员活动日"，提升了"党员活动日"在党支部组织生活中的地位。

2017 年 3 月，中共中央办公厅印发《关于推进"两学一做"学习教育常态化制度化的意见》，标志着"主题党日"在全国全面推行。该意见明确指出，推广党支部主题党日，组织党员在主题党日开展"三会一课"、缴纳党费、参加服务群众等活动。

2018 年 10 月颁布的《中国共产党支部工作条例（试行）》规定，党支部每月相对固定一天开展主题党日，组织党员集中学习、过组织生活、进行民主评议和志愿服务等；主题党日开展前，党支部应当认真研究确定主题和内容；开展后，应当抓好议定事项的组织落实。

Part 5

红色足迹

> 小小红船承载千钧，播下了中国革命的火种，开启了中国共产党的跨世纪航程。
>
> ——习近平
>
> （习近平总书记前往南湖革命纪念馆参观时的讲话，2017 年 10 月 31 日）

共产党的革命斗争之路是怎样的，其间经历了多少千辛万苦才有了我们今天这般美好的生活。

中共中央办公厅、国务院办公厅印发的《2004—2010 年全国红色旅游发展规划纲要》，就发展红色旅游的总体思路、总体布局和主要措施作出明确规定，其中规划了 30 条"红色旅游精品线路"，深受广大党员同志的欢迎。

让我们怀着崇敬之心，整理好行装，踏上红色之旅，共同去感受那段艰难而又伟大的岁月吧！

线路一：

北京—遵化—乐亭—天津线

北京市天安门广场，中国人民抗日战争纪念馆、卢沟桥、宛平城，新文化运动纪念馆，中国国家博物馆，中国人民革命军事博物馆，李大钊烈士陵园，顺义区焦庄户地道战遗址纪念馆；唐山市乐亭县李大钊故居和纪念馆；天津市周恩来邓颖超纪念馆，平津战役纪念馆，盘山烈士陵园。

天安门广场

（参观留影）

★ 参观时间和地点：＿＿＿＿＿＿＿　＿＿＿＿＿＿＿　＿＿＿＿＿＿＿

　　　　　　　　　＿＿＿＿＿＿＿　＿＿＿＿＿＿＿　＿＿＿＿＿＿＿

★ 参观感言：＿＿＿＿＿＿＿＿＿＿＿＿＿＿＿＿＿＿＿＿＿＿＿＿＿＿＿

＿＿＿＿＿＿＿＿＿＿＿＿＿＿＿＿＿＿＿＿＿＿＿＿＿＿＿＿＿＿＿＿＿＿

线路二：

北京—保定—西柏坡线

北京市天安门广场，中国人民抗日战争纪念馆、卢沟桥、宛平城，新文化运动纪念馆，中国国家博物馆，中国人民革命军事博物馆，顺义区焦庄户地道战遗址纪念馆；保定市阜平县城南庄晋察冀军区司令部旧址，易县狼牙山五壮士塔，安新县白洋淀景区，清苑县冉庄地道战遗址，唐县白求恩柯棣华纪念馆，石家庄市平山县西柏坡纪念馆和中共中央旧址。

西柏坡纪念馆

（参观留影）

★参观时间和地点：＿＿＿＿＿＿＿　＿＿＿＿＿＿＿＿＿　＿＿＿＿＿＿＿

　　　　　　　　＿＿＿＿＿＿＿　＿＿＿＿＿＿＿＿＿　＿＿＿＿＿＿＿

★参观感言：＿＿＿＿＿＿＿＿＿＿＿＿＿＿＿＿＿＿＿＿＿＿＿＿＿＿＿＿

＿＿＿＿＿＿＿＿＿＿＿＿＿＿＿＿＿＿＿＿＿＿＿＿＿＿＿＿＿＿＿＿＿＿

线路三：

上海—嘉兴—平阳线

上海市中国共产党第一次全国代表大会会址纪念馆，龙华革命烈士陵园，宋庆龄陵园，陈云故居暨青浦革命历史纪念馆；嘉兴市南湖风景名胜区(中共一大旧址)；温州市浙南(平阳)抗日根据地旧址。

上海中共一大会址纪念馆

(参观留影)

★参观时间和地点：_____　_____　_____

　　　　　　　　　　　　_____　_____　_____

★参观感言：_____

_____

线路四：

南京—镇江—句容—常熟线

雨花台烈士陵园

　　南京市梅园新村纪念馆，雨花台烈士陵园，侵华日军南京大屠杀遇难同胞纪念馆，渡江胜利纪念馆；镇江市句容县茅山新四军纪念地；常熟市沙家浜旅游区。

（参观留影）

★参观时间和地点：＿＿＿＿＿＿　＿＿＿＿＿＿　＿＿＿＿＿＿

　　　　　　　　　　＿＿＿＿＿＿　＿＿＿＿＿＿　＿＿＿＿＿＿

★参观感言：＿＿＿＿＿＿＿＿＿＿＿＿＿＿＿＿＿＿＿＿＿＿＿＿

＿＿＿＿＿＿＿＿＿＿＿＿＿＿＿＿＿＿＿＿＿＿＿＿＿＿＿＿＿＿＿

线路五：

泰州—盐城—淮安—徐州线

　　　泰州市泰兴市黄桥战役纪念馆，白马庙；盐城市新四军重建纪念馆；淮安市周恩来纪念馆和故居，黄花塘新四军军部旧址，新安旅行团革命历史陈列馆；徐州市淮海战役纪念馆。

淮安市周恩来纪念馆

（参观留影）

★ 参观时间和地点： _____ _____ _____

_____ _____ _____

★ 参观感言： _____

线路六：

南昌—吉安—井冈山（门票）线

南昌八一起义纪念馆、方志敏纪念馆；吉安市苏区政府旧址；井冈山市茨坪革命旧址群、黄洋界、井冈山烈士陵园等。

南昌八一起义纪念馆

（参观留影）

★参观时间和地点：＿＿＿＿＿＿＿＿　＿＿＿＿＿＿＿＿　＿＿＿＿＿＿＿＿

　　　　　　　　　　＿＿＿＿＿＿＿＿　＿＿＿＿＿＿＿＿　＿＿＿＿＿＿＿＿

★参观感言：＿＿＿＿＿＿＿＿＿＿＿＿＿＿＿＿＿＿＿＿＿＿＿＿＿＿＿＿＿＿＿

＿＿＿＿＿＿＿＿＿＿＿＿＿＿＿＿＿＿＿＿＿＿＿＿＿＿＿＿＿＿＿＿＿＿＿＿＿＿

线路七：

赣州—瑞金—于都—会昌—长汀—上杭—古田线

中华苏维埃临时中央政府旧址，于都县红军长征出发地；龙岩市长汀县红四军司令部、政治部旧址，瞿秋白烈士纪念碑，上杭县古田会议旧址，毛泽东才溪乡调查纪念馆。

中华苏维埃临时中央政府旧址

（参观留影）

★参观时间和地点：＿＿＿＿＿＿＿　＿＿＿＿＿＿＿　＿＿＿＿＿＿＿

＿＿＿＿＿＿＿　＿＿＿＿＿＿＿　＿＿＿＿＿＿＿

★参观感言：＿＿＿＿＿＿＿＿＿＿＿＿＿＿＿＿＿＿＿＿＿＿＿＿＿＿

＿＿＿＿＿＿＿＿＿＿＿＿＿＿＿＿＿＿＿＿＿＿＿＿＿＿＿＿＿＿＿＿＿＿

线路八：

井冈山—永新—茶陵—株洲线

　　吉安市井冈山市茨坪革命旧址群、黄洋界、井冈山烈士陵园等，永新县三湾改编旧址；株洲市茶陵县第一个县级红色政权、红军墙、红军村，醴陵市左权将军纪念碑。

黄洋界

（参观留影）

★参观时间和地点：＿＿＿＿＿＿＿　＿＿＿＿＿＿＿＿　＿＿＿＿＿＿＿

　　　　　　　　　＿＿＿＿＿＿＿　＿＿＿＿＿＿＿＿　＿＿＿＿＿＿＿

★参观感言：＿＿＿＿＿＿＿＿＿＿＿＿＿＿＿＿＿＿＿＿＿＿＿＿＿＿＿

线路九：

韶山—宁乡—平江线

　　湘潭市韶山市毛泽东故居和纪念馆，湘潭县彭德怀故居和纪念馆；长沙市宁乡县花明楼刘少奇故居和纪念馆，杨开慧故居和纪念馆；岳阳市平江县平江起义旧址。

湖南韶山毛泽东故居

（参观留影）

★参观时间和地点：＿＿＿＿＿＿＿＿　＿＿＿＿＿＿＿＿　＿＿＿＿＿＿＿＿

　　　　　　　　　　＿＿＿＿＿＿＿＿　＿＿＿＿＿＿＿＿　＿＿＿＿＿＿＿＿

★参观感言：＿＿＿＿＿＿＿＿＿＿＿＿＿＿＿＿＿＿＿＿＿＿＿＿＿＿＿＿＿＿

＿＿＿＿＿＿＿＿＿＿＿＿＿＿＿＿＿＿＿＿＿＿＿＿＿＿＿＿＿＿＿＿＿＿＿＿＿

线路十：

南宁—崇左—靖西—百色线

　　崇左市龙州县红八军军部旧址；百色市百色起义纪念馆，百色起义烈士陵园，红七军军部旧址，田东县红军码头，右江区右江工农民主政府旧址，乐业县红七军和红八军会师地旧址。

百色起义纪念馆

（参观留影）

★参观时间和地点：＿＿＿＿＿＿＿＿＿　＿＿＿＿＿＿＿＿＿　＿＿＿＿＿＿＿＿＿

＿＿＿＿＿＿＿＿＿　＿＿＿＿＿＿＿＿＿　＿＿＿＿＿＿＿＿＿

★参观感言：＿＿＿＿＿＿＿＿＿＿＿＿＿＿＿＿＿＿＿＿＿＿＿＿＿＿＿＿＿＿＿＿

＿＿＿＿＿＿＿＿＿＿＿＿＿＿＿＿＿＿＿＿＿＿＿＿＿＿＿＿＿＿＿＿＿＿＿＿＿＿

线路十一：

贵阳—凯里—镇远—黎平—通道—桂林线

贵阳市息烽集中营革命历史纪念馆，息烽县乌江景区；黔东南州黎平县黎平会议旧址；桂林市八路军驻桂林办事处旧址，兴安县界首镇红军长征突破湘江烈士纪念碑园。

兴安县界首镇红军长征
突破湘江烈士纪念碑园

（参观留影）

★参观时间和地点：_____　_____　_____

_____　_____　_____

★参观感言：_____

_____

线路十二：

贵阳—遵义—仁怀—赤水—泸州线

　　贵阳市息烽集中营革命历史纪念馆，息烽县乌江景区；遵义市遵义会议会址，红花岗区红军山烈士陵园，汇川区和桐梓县娄山关景区，仁怀市红军四渡赤水纪念地，习水县黄陂洞战斗遗址，赤水市红军烈士陵园。

遵义会议会址

（参观留影）

★参观时间和地点：＿＿＿＿＿＿＿＿＿＿　＿＿＿＿＿＿＿＿＿＿　＿＿＿＿＿＿＿＿＿＿

＿＿＿＿＿＿＿＿＿＿　＿＿＿＿＿＿＿＿＿＿　＿＿＿＿＿＿＿＿＿＿

★参观感言：＿＿＿＿＿＿＿＿＿＿＿＿＿＿＿＿＿＿＿＿＿＿＿＿＿＿＿＿＿＿＿＿＿＿

＿＿

线路十三：

成都—松潘—若尔盖—迭部—宕昌—岷县—临夏—兰州线

腊子口战役遗址

雪山草地，阿坝州松潘县红军碑园，若尔盖县巴西会议会址；甘南州迭部县腊子口战役遗址；陇南地区宕昌县哈达铺红军长征纪念馆；定西市"岷州会议"纪念馆；兰州市战关区八路军驻兰州办事处旧址。

（参观留影）

★ 参观时间和地点：_____ _____ _____

_____ _____ _____

★ 参观感言：_____

线路十四：

成都—雅安—石棉—泸定—康定线

雅安市宝兴县夹金山红军纪念碑，石棉县安顺场红军强渡大渡河纪念馆；甘孜州泸定县泸定桥革命文物纪念馆。

四川中国工农红军强渡大渡河纪念馆

（参观留影）

★参观时间和地点：＿＿＿＿＿＿＿＿＿＿＿＿＿＿＿＿＿＿＿＿

＿＿＿＿＿＿＿＿＿＿＿＿＿＿＿＿＿＿＿＿

★参观感言：＿＿＿＿＿＿＿＿＿＿＿＿＿＿＿＿＿＿＿＿＿＿＿＿＿

＿＿＿＿＿＿＿＿＿＿＿＿＿＿＿＿＿＿＿＿＿＿＿＿＿＿＿＿＿＿＿

线路十五：

昆明—会理—攀枝花—冕宁—西昌线

　　昆明市"一二·一"四烈士墓及"一二·一"纪念馆，寻甸县红军长征柯渡纪念馆；凉山州会理县皎平渡红军渡江遗址、会理会议遗址，冕宁县彝海结盟遗址、红军长征纪念馆。

昆明市"一二·一"四烈士墓

（参观留影）

★参观时间和地点：＿＿＿＿＿＿　＿＿＿＿＿＿　＿＿＿＿＿＿

　　　　　　　　＿＿＿＿＿＿　＿＿＿＿＿＿　＿＿＿＿＿＿

★参观感言：＿＿＿＿＿＿＿＿＿＿＿＿＿＿＿＿＿＿＿＿＿

＿＿＿＿＿＿＿＿＿＿＿＿＿＿＿＿＿＿＿＿＿＿＿＿＿＿＿＿＿

线路十六：

兰州—定西—会宁—静宁—六盘山—银川线

定西市岷县"岷州会议"纪念馆，通渭县榜罗镇革命遗址；白银市会宁县红军长征会师旧址；固原市隆德县六盘山长征纪念亭，西吉县将台堡一、二方面军会师纪念碑，兴隆镇单家集红军长征遗址，泾源县老龙潭革命烈士纪念亭。

六盘山长征纪念亭

（参观留影）

★参观时间和地点： ＿＿＿＿＿＿　＿＿＿＿＿＿　＿＿＿＿＿＿

＿＿＿＿＿＿　＿＿＿＿＿＿　＿＿＿＿＿＿

★参观感言： ＿＿＿＿＿＿＿＿＿＿＿＿＿＿＿＿＿＿＿＿＿＿

＿＿＿＿＿＿＿＿＿＿＿＿＿＿＿＿＿＿＿＿＿＿＿＿＿＿＿＿＿＿

线路十七：

西安—洛川—延安—子长—榆林—绥德线

西安市八路军西安办事处纪念馆，西安事变纪念馆；延安市洛川县洛川会议旧址纪念馆，枣园旧址，杨家岭旧址，王家坪旧址，凤凰山旧址，清凉山旧址，瓦窑堡会议旧址，"四八"烈士陵园，子长县子长烈士纪念馆。

西安事变纪念馆

（参观留影）

★参观时间和地点：＿＿＿＿＿＿＿＿＿＿　＿＿＿＿＿＿＿＿＿＿　＿＿＿＿＿＿＿＿＿＿

　　　　　　　　＿＿＿＿＿＿＿＿＿＿　＿＿＿＿＿＿＿＿＿＿　＿＿＿＿＿＿＿＿＿＿

★参观感言：＿＿＿＿＿＿＿＿＿＿＿＿＿＿＿＿＿＿＿＿＿＿＿＿＿＿＿＿＿＿＿＿＿＿

　　　　＿＿＿＿＿＿＿＿＿＿＿＿＿＿＿＿＿＿＿＿＿＿＿＿＿＿＿＿＿＿＿＿＿＿＿＿＿

线路十八:

黄山—婺源—上饶—弋阳—武夷山线

　　黄山市岩寺新四军军部及八省健儿会师地;上饶市上饶集中营革命烈士陵园,弋阳县方志敏故乡;南平市武夷山赤石、大安红色旅游景区。

上饶集中营革命烈士陵园

（参观留影）

★参观时间和地点：＿＿＿＿＿＿＿＿＿＿＿＿＿＿＿＿＿＿＿＿＿＿＿

＿＿＿＿＿＿＿＿＿＿＿＿＿＿＿＿＿＿＿＿＿＿＿

★参观感言：＿＿＿＿＿＿＿＿＿＿＿＿＿＿＿＿＿＿＿＿＿＿＿＿＿＿＿

＿＿＿＿＿＿＿＿＿＿＿＿＿＿＿＿＿＿＿＿＿＿＿＿＿＿＿＿＿＿＿＿＿

线路十九：

黄山—绩溪—旌德—泾县—宣城—芜湖线

　　黄山市岩寺新四军军部及八省健儿会师地；宣城市泾县皖南事变烈士陵园及新四军军部旧址；芜湖市王稼祥纪念园。

新四军军部旧址

（参观留影）

★参观时间和地点：＿＿＿＿＿＿　＿＿＿＿＿＿　＿＿＿＿＿＿

＿＿＿＿＿＿　＿＿＿＿＿＿　＿＿＿＿＿＿

★参观感言：＿＿＿＿＿＿＿＿＿＿＿＿＿＿＿＿＿＿＿＿＿＿＿＿＿

＿＿＿＿＿＿＿＿＿＿＿＿＿＿＿＿＿＿＿＿＿＿＿＿＿＿＿＿＿＿＿＿

线路二十：

济南—济宁—枣庄—临沂—连云港线

济南市济南战役纪念馆；济宁市微山湖；枣庄市铁道游击队纪念地，台儿庄大战遗址；临沂市沂蒙山孟良崮战役遗址，华东烈士陵园；连云港市抗日山烈士陵园。

济南战役纪念馆

（参观留影）

★参观时间和地点：_____　_____　_____

_____　_____　_____

★参观感言：_____

_____

线路二十一：

武汉—麻城—红安—新县—信阳线

　　武汉市汉口八七会议会址纪念馆，武昌区毛泽东旧居及中央农民讲习所旧址纪念馆，施洋烈士陵园，向警予烈士陵园；黄冈市麻城市烈士陵园，红安县黄麻起义和鄂豫皖苏区革命烈士陵园；信阳市新县鄂豫皖苏区首府革命博物馆，鄂豫皖苏区革命烈士陵园，首府路和航空路革命旧址，将军故里，金刚台红军洞群，罗山县红二十五军长征出发地。

黄麻起义和鄂豫皖苏区革命烈士陵园

(参观留影)

★参观时间和地点：＿＿＿＿＿＿＿＿＿　＿＿＿＿＿＿＿＿＿　＿＿＿＿＿＿＿＿＿

　＿＿＿＿＿＿＿＿＿　＿＿＿＿＿＿＿＿＿　＿＿＿＿＿＿＿＿＿

★参观感言：＿＿＿＿＿＿＿＿＿＿＿＿＿＿＿＿＿＿＿＿＿＿＿＿＿＿＿＿＿＿＿

＿＿＿＿＿＿＿＿＿＿＿＿＿＿＿＿＿＿＿＿＿＿＿＿＿＿＿＿＿＿＿＿＿＿＿＿＿＿

线路二十二：

合肥—六安—金寨—霍山—岳西—安庆线

　　六安市皖西烈士陵园，独山革命旧址群，金寨县革命烈士陵园，金寨县红二十五军政机构旧址，霍山县西镇暴动纪念馆，岳西及金寨县红二十八军军部及重建旧址。

六安市皖西烈士陵园

（参观留影）

★参观时间和地点：＿＿＿＿＿＿＿＿＿　＿＿＿＿＿＿＿＿＿　＿＿＿＿＿＿＿

　　　　　　　　＿＿＿＿＿＿＿＿＿　＿＿＿＿＿＿＿＿＿　＿＿＿＿＿＿＿

★参观感言：＿＿＿＿＿＿＿＿＿＿＿＿＿＿＿＿＿＿＿＿＿＿＿＿＿＿＿＿＿＿

＿＿＿＿＿＿＿＿＿＿＿＿＿＿＿＿＿＿＿＿＿＿＿＿＿＿＿＿＿＿＿＿＿＿＿＿

线路二十三：

太原—大同—灵丘—涞源—易县—涿州线

　　太原市太原解放纪念馆，山西省国民师范旧址革命活动纪念馆；大同市煤矿展览馆，灵丘县平型关战役遗址；忻州市五台县晋察冀军区司令部旧址纪念馆，徐向前故居和纪念馆；保定市易县狼牙山，黄土岭战斗遗址。

灵丘县平型关战役遗址

（参观留影）

★参观时间和地点：_____　_____　_____

_____　_____　_____

★参观感言：_____

_____

线路二十四：

石家庄—西柏坡—涉县—长治—晋城线

"百团大战"砖壁指挥部旧址

石家庄市华北军区烈士陵园，平山县西柏坡中共中央旧址等革命历史遗址；邯郸市涉县129师司令部旧址；长治市武乡县八路军太行纪念馆，王家峪八路军总部旧址，"百团大战"砖壁指挥部旧址，黎城县黄崖洞革命纪念地。

（参观留影）

★参观时间和地点：＿＿＿＿＿＿＿＿＿　＿＿＿＿＿＿＿＿＿　＿＿＿＿＿＿＿＿＿

＿＿＿＿＿＿＿＿＿　＿＿＿＿＿＿＿＿＿　＿＿＿＿＿＿＿＿＿

★参观感言：＿＿＿＿＿＿＿＿＿＿＿＿＿＿＿＿＿＿＿＿＿＿＿＿＿＿＿＿＿＿

＿＿＿＿＿＿＿＿＿＿＿＿＿＿＿＿＿＿＿＿＿＿＿＿＿＿＿＿＿＿＿＿＿＿＿＿＿

线路二十五：

沈阳—锦州—葫芦岛—秦皇岛线

沈阳市"九·一八"历史博物馆，抗美援朝烈士陵园；抚顺市平顶山惨案遗址纪念馆，战犯管理所旧址；锦州市辽沈战役纪念馆、黑山阻击战纪念馆，葫芦岛市塔山阻击战纪念馆。

抗美援朝烈士陵园

（参观留影）

★参观时间和地点：＿＿＿＿＿＿＿　＿＿＿＿＿＿＿　＿＿＿＿＿＿＿

＿＿＿＿＿＿＿　＿＿＿＿＿＿＿　＿＿＿＿＿＿＿

★参观感言：＿＿＿＿＿＿＿＿＿＿＿＿＿＿＿＿＿＿＿＿＿＿＿＿＿＿＿

＿＿＿＿＿＿＿＿＿＿＿＿＿＿＿＿＿＿＿＿＿＿＿＿＿＿＿＿＿＿＿＿＿＿

线路二十六：

四平—吉林—敦化—延吉—白山—临江—通化—集安线

杨靖宇烈士陵园

四平市四平战役纪念馆及烈士陵园；白山市郊七道江遗址，靖宇县杨靖宇将军殉难地；通化市临江市"四保临江"烈士陵园，陈云旧居，杨靖宇烈士陵园。

（参观留影）

★参观时间和地点：＿＿＿＿＿＿＿＿　＿＿＿＿＿＿＿＿　＿＿＿＿＿＿＿＿

＿＿＿＿＿＿＿＿　＿＿＿＿＿＿＿＿　＿＿＿＿＿＿＿＿

★参观感言：＿＿＿＿＿＿＿＿＿＿＿＿＿＿＿＿＿＿＿＿＿＿＿＿＿＿＿

＿＿＿＿＿＿＿＿＿＿＿＿＿＿＿＿＿＿＿＿＿＿＿＿＿＿＿＿＿＿＿＿＿＿＿

线路二十七：

哈尔滨—阿城—尚志—海林—牡丹江线

　　哈尔滨东北烈士纪念馆，东北抗联博物馆，哈尔滨烈士陵园，侵华日军第七三一部队罪证陈列馆，尚志市赵一曼被捕地；牡丹江市八女投江革命烈士陵园，海林市杨子荣烈士墓及剿匪遗址，宁安市马骏故居和纪念馆。

东北烈士纪念馆

（参观留影）

★参观时间和地点：_____ _____ _____

_____ _____ _____

★参观感言：_____

线路二十八：

重庆—广安—仪陇—巴中线

重庆市红岩革命纪念馆，沙坪坝区歌乐山革命烈士陵园，开县刘伯承同志纪念馆，江津县聂荣臻元帅陈列馆，酉阳县赵世炎烈士故居；广安市邓小平故居和纪念馆，华蓥市华蓥山游击队遗址，仪陇县朱德故居纪念馆；巴中市通江县红四方面军总指挥部旧址纪念馆，川陕苏区红军烈士陵园，红军崖红军石刻标语。

广安市邓小平故居

（参观留影）

★参观时间和地点：＿＿＿＿＿＿ ＿＿＿＿＿＿ ＿＿＿＿＿＿

＿＿＿＿＿＿ ＿＿＿＿＿＿ ＿＿＿＿＿＿

★参观感言：＿＿＿＿＿＿＿＿＿＿＿＿＿＿＿＿＿＿＿＿＿＿＿＿

＿＿＿＿＿＿＿＿＿＿＿＿＿＿＿＿＿＿＿＿＿＿＿＿＿＿＿＿＿＿＿＿

线路二十九：

海口—文昌—琼海—五指山线

海口市琼山区工农红军琼崖纵队改编旧址；琼海市红色娘子军纪念园；五指山市五指山革命根据地纪念园。

琼海市红色娘子军纪念园

（参观留影）

★ 参观时间和地点：＿＿＿＿＿＿＿　＿＿＿＿＿＿＿　＿＿＿＿＿＿＿

＿＿＿＿＿＿＿　＿＿＿＿＿＿＿　＿＿＿＿＿＿＿

★ 参观感言：＿＿＿＿＿＿＿＿＿＿＿＿＿＿＿＿＿＿＿＿＿＿＿＿＿

＿＿＿＿＿＿＿＿＿＿＿＿＿＿＿＿＿＿＿＿＿＿＿＿＿＿＿＿＿＿＿＿＿

线路三十：

张家界—桑植—永顺—吉首—铜仁线

张家界市桑植县贺龙故居

张家界市桑植县贺龙故居和纪念馆；湘西自治州永顺县湘鄂川黔革命根据地旧址；恩施自治州鹤峰县满山红纪念园；铜仁市周逸群故居。

（参观留影）

★参观时间和地点： ＿＿＿＿＿＿　＿＿＿＿＿＿　＿＿＿＿＿＿

＿＿＿＿＿＿　＿＿＿＿＿＿　＿＿＿＿＿＿

★参观感言： ＿＿＿＿＿＿＿＿＿＿＿＿＿＿＿＿＿＿

＿＿＿＿＿＿＿＿＿＿＿＿＿＿＿＿＿＿＿＿＿＿＿＿

参 观 笔 记

后　记

　　2018 年七一前夕，我们编辑出版了《初心——共产党员纪念册》一书，获得广大党员同志的认可和欢迎。今年，在党的 98 岁生日来临之际，我们再接再厉，又编辑完成了这本《忠诚——党支部纪念册》。

　　与《初心——共产党员纪念册》不同，这是一本党支部在开展支部活动时使用的工具书，也是一本珍贵的支部生活的历史记录。

　　本书的编写难免有所不足，欢迎广大党员同志提出宝贵意见，以待改进。

　　在本书的策划编辑过程中，得到了党的理论和党史专家李捷、国家博物馆党史专家黄黎等同志的指导和帮助，在此表示衷心的感谢。

本书编写组

2019 年 5 月

出　　品：图典分社

策划编辑：侯俊智

责任编辑：刘　佳

装帧设计：石笑梦

责任校对：夏玉婵

图书在版编目（CIP）数据

忠诚：党支部纪念册 /《忠诚》编写组 编 . —

　北京：人民出版社，2019.6

ISBN 978 - 7 - 01 - 020786 - 5

I. ①忠⋯　II. ①忠⋯　III. ①中国共产党 – 党支部 – 工作 – 手册　IV. ① D267-62

中国版本图书馆 CIP 数据核字（2019）第 086223 号

忠　　诚——党支部纪念册　ZHONG CHENG——DANGZHIBU JINIANCE

本书编写组　编

出版发行　　人民出版社　（北京市东城区隆福寺街 99 号）

经　　销　　新华书店　　　　　　　　　　印　　刷　　北京中科印刷有限公司

版　　次　　2019 年 6 月第 1 版　　　　　印　　次　　2019 年 6 月北京第 1 次印刷

开　　本　　889 毫米 × 1194 毫米 1/20　印　　张　　11.5

字　　数　　127 千字　　　　　　　　　　书　　号　　ISBN 978 - 7 - 01 - 020786 - 5

定　　价　　55.00 元

邮购地址　　100706　北京市东城区隆福寺街 99 号　　人民东方图书销售中心

电　　话　　（010）65250042　65289539

《初心：共产党员纪念册》

  本书是一本为共产党员设计的自读、自记、自存、自赏的互动之书，包括"党员守则""成长之路""庄严时刻""红色家风""不忘初心""寻根路上"六部分。收录了入党誓词、国歌、国际歌、党章等基本元素；本人入队、入团、大学、工作、受表彰等基本情况；入党申请、转正、入党感言等庄严时刻，记录了本人的成长历程。同时，收录了"不忘初心"的内涵和要义；精选了16位榜样人物，展现其在成长之路、追求庄严时刻、治家行为、不忘初心方面的感人事迹；精选了18个在中共历史上有重大意义的纪念馆，作为寻根之路，感悟共产党人建党之不易、革命斗争之艰苦、夺取胜利之辉煌。

  每册定价：46.00元

  订购电话：(010) 84095064、84095103（人民出版社发行部）